FRÅN MÖRKR TILL HERRÅDE: 40 dagar för att bryta sig fri från mörkrets dolda grepp

En global andakt om medvetenhet, befrielse och kraft

För individer, familjer och nationer redo att bli fria

Av

Zacharias Godseagle; Ambassador Monday O. Ogbe and Comfort Ladi Ogbe

Innehållsförteckning

Om boken – FRÅN MÖRKR TILL HERRÅDE 1
Baksidestext 3
Mediekampanj i ett stycke (press/e-post/annonstext) 4
Engagemang 6
Tack 7
Till läsaren 8
Hur man använder den här boken 10
Förord 12
Förord 14
Introduktion 15
KAPITEL 1: DET MÖRKA RIKETS URSPRUNG 18
KAPITEL 2: HUR DET MÖRKA RIKET FUNGERAR IDAG 21
KAPITEL 3: INGÅNGSPUNKTER – HUR MÄNNISKOR BLI FASTADE 24
KAPITEL 4: MANIFESTATIONER – FRÅN BESETNING TILL BESATTHET 26
KAPITEL 5: ORDETS MAKT – DE TROENDES AUTORITET 28
DAG 1: BLODSLINJER OCH PORTAR — ATT BRYTA FAMILJEKEDJOR 31
DAG 2: DRÖMINVASIONER — NÄR NATTEN BLIR ETT SLAGFÄLT 34
DAG 3: ANDLIGA MAKA/MAKA – OHELIGA FÖRENNINGAR SOM BINDER ÖDEN 37
DAG 4: FÖRBANNADE FÖREMÅL – DÖRRAR SOM ORENAR 40
DAG 5: FÖRTJÄLLD OCH BEDRAGEN — ATT BRYTA SIG FRI FRÅN SPOMMANS ANDE 43
DAG 6: ÖGATETS PORTAR – STÄNGNING AV MÖRKRETS PORTAR 46
DAG 7: KRAFTEN BAKOM NAMN — ATT AVSTÅ OHELIGA IDENTITETER 49
DAG 8: AVSLÖJANDE AV FALSKT LJUS — NEW AGE-FÄLLOR OCH ÄNGLABEDREGERIER 52
DAG 9: BLODSALTARET — FÖRBUND SOM KRÄVER LIV 55

DAG 10: KARNHET OCH BRUKTHET — NÄR LIVMODERN BLIR ETT SLAGFÄLT 58
DAG 11: AUTOIMMUNA SJUKDOMAR OCH KRONISK TRÖTTHET — DET OSYNLIGA KRIGET INOM DIG 61
DAG 12: EPILEPSI OCH PSYKISK PLÅGA — NÄR SINNET BLIR EN SLAGFÄLT 64
DAG 13: RÄDSLANS ANDE — ATT BRYTA BUREN AV OSYNLIG PLÅGA 67
DAG 14: SATANISKA MARKERINGAR — ATT RADA UT DET OHELIGA VARUMÄRKET 70
DAG 15: SPEGELRIKET — ATT FLY FRÅN REFLEKTIONERNAS FÄNGELSE 73
DAG 16: ATT BRYTA ORDFÖRBANNELSERNAS BAND — ATT ÅTERTA DITT NAMN, DIN FRAMTID 76
DAG 17: BEFRIELSE FRÅN KONTROLL OCH MANIPULERING 79
DAG 18: ATT BRYTA MAKTEN AV OFÖRLÅTELSE OCH BITTERHET 82
DAG 19: LÄKNING FRÅN SKAM OCH FÖRDÖMMELSE 85
DAG 20: HUSHÅLLSHÄXA — NÄR MÖRKRET BO UNDER SAMMA TAK 88
DAG 21: JEZEBEL-ANDEN — FÖRFÖRELSE, KONTROLL OCH RELIGIÖS MANIPULATION 91
DAG 22: PYTONER OCH BÖNER — ATT BRYTA SAMMANDRAGNINGENS ANDE 95
DAG 23: OJÄTTENS TRONER — ATT RIVA NER TERRITORIELLA FÄRG 98
DAG 24: SJÄLSFRAGMENT — NÄR DELAR AV DIG SAKNAS . 101
DAG 25: FRÄMMANDE BARNS FÖRBANNELSE — NÄR ÖDEN BYTS VID FÖDELSEN 104
DAG 26: DOLDA MAKTALTAR — ATT BRYTA SIG FRI FRÅN ELITENS OCKULTISKA FÖRBUND 107
DAG 27: OHELIGA ALLIANSER — FRIMURARIET, ILLUMINATI OCH ANDLIG INFILTRATION 110

DAG 28: KABBALAH, ENERGINÄT OCH LOCKET AV MYSTISKT "LJUS" 113
DAG 29: ILLUMINATIS SLÖJA — AVSLÖJANDE AV DE ELIT-OCKULTA NÄTVERKEN 116
DAG 30: MYSTERIESKOLAN — FORNTIDA HEMLIGHETER, MODERNA BONDAGERNA 119
DAG 31: KABBALAH, HELLIG GEOMETRI OCH ELIT LJUSBEDRÄGERI 123
DAG 3 2: ORMANDEN INOM DIG — NÄR BEFRIELSEN KOMMER FÖR SENT 127
DAG 33: ORMANDEN INOM DIG — NÄR BEFRIELSEN KOMMER FÖR SENT 131
DAG 34: FRURARE, LOGGER OCH FÖRBANNELSER — När brödraskap blir träldom 135
DAG 35: HÄXOR I BÄNKARNA — NÄR ONDSKAN KOMMER IN GENOM KYRKODÖRRARNA 139
DAG 36: KODAD BESVÄLLNING — NÄR SÅNGER, MODE OCH FILMER BLI PORTALER 142
DAG 37: MAKTENS OSYNLIGA ALTRAN — FRIMURARE, KABBALA OCH OCKULT ELIT 146
DAG 38: LIVMODERFÖRBUND OCH VATTENRIK — NÄR ÖDET ÄR OREGATT FÖRE FÖDELSEN 150
DAG 39: VATTENDÖPADE I FRIHÅLL — HUR SPÄDBARN, INITIALER OCH OSYNLIGA FÖRBUND ÖPPNAR DÖRRAR 154
DAG 40: FRÅN BEFRÄDDARE TILL BEFRÄDDARE — DIN SMÄRTA ÄR DIN FÖRORDNING 158
360° DAGLIG FÖRKLARANDE OM BEFRIELSE OCH HERRÅDE – Del 1 161
360° DAGLIG FÖRKLARANDE OM BEFRIELSE OCH HERRÅDE – Del 2 163
360° DAGLIG FÖRKLARANDE OM BEFRIELSE OCH HERRÅDE - Del 3 167
SLUTSATS: FRÅN ÖVERLEVNAD TILL SONSKAP — ATT FÖRBLI FRI, LEVA FRI, GÖRA ANDRA FRIA 171
Hur man blir född på nytt och börjar ett nytt liv med Kristus 174

Mitt räddningsögonblick 176
Intyg om nytt liv i Kristus 177
KONTAKTA GUDS EAGLE MINISTRIES 178
REKOMMENDERADE BÖCKER OCH RESURSER 180
BILAGA 1: Bön för att urskilja dold häxkonst, ockulta sedvänjor eller märkliga altare i kyrkan 194
BILAGA 2: Protokoll för avsägelse och rensning av media 195
BILAGA 3: Frimureriet, Kabbalah, Kundalini, Häxkonst, Ockult Försakelseskrift 196
BILAGA 4: Guide för aktivering av smörjelseolja 197
BILAGA 6: Videoresurser med vittnesmål för andlig tillväxt 198
SLUTVARNING: Du kan inte leka med detta 199

Upphovsrättssida

FRÅN MÖRKR TILL HERRÅDE: 40 dagar för att bryta sig fri från mörkrets dolda grepp – En global andakt om medvetenhet, befrielse och kraft

Av Zacharias Godseagle , Comfort Ladi Ogbe & ambassadör måndag O. Ogbe

Upphovsrätt © 2025 av **Zacharias Godseagle och God's Eagle Ministries – GEM**

Alla rättigheter förbehållna.

Ingen del av denna publikation får reproduceras, lagras i ett dataåtkomstsystem eller överföras i någon form eller på något sätt – elektroniskt, mekaniskt, fotokopiering, inspelning, skanning eller på annat sätt – utan föregående skriftligt tillstånd från utgivarna, förutom i fallet med korta citat som ingår i kritiska artiklar eller recensioner.

Denna bok är ett verk av facklitteratur och andaktsromaner. Vissa namn och identifierande detaljer har ändrats för sekretess skull där det har varit nödvändigt.

Skriftcitat är hämtade från:

- *Nya Levande Översättningen (NLT)* , © 1996, 2004, 2015 av Tyndale House Foundation. Används med tillstånd. Alla rättigheter förbehållna.

Omslagsdesign av GEM TEAM
Inredningsplanering av GEM TEAM
Publicerad av:
Zacharias Godseagle & God's Eagle Ministries – GEM
www.otakada.org [1] | ambassador@otakada.org
Första upplagan, 2025
Tryckt i USA

---

1. http://www.otakada.org

Om boken – FRÅN MÖRKR TILL HERRÅDE

FRÅN MÖRKR TILL HERRÅDE: 40 dagar för att bryta sig fri från mörkrets dolda grepp - *En global andakt om medvetenhet, befrielse och kraft - För individer, familjer och nationer redo att bli fria* är inte bara en andakt – det är ett 40-dagars globalt befrielsemöte för **presidenter, premiärministrar, pastorer, kyrkans arbetare, VD:ar, föräldrar, tonåringar och alla troende** som vägrar att leva i tyst nederlag.

Denna kraftfulla 40-dagars andakt tar upp *andlig krigföring, befrielse från förfäders altaren, att bryta själsband, ockult exponering och globala vittnesmål från före detta häxor, före detta satanister* och de som har övervunnit mörkrets makter.

Oavsett om du **leder ett land**, **är pastor i en kyrka**, **driver ett företag** eller **kämpar för din familj i bönekammeret**, kommer den här boken att avslöja det som har varit dolt, konfrontera det som har ignorerats och ge dig kraft att bryta dig fri.

En 40-dagars global andakt om medvetenhet, befrielse och kraft

På dessa sidor kommer du att möta:

- Blodslinjeförbannelser och förfäders förbund
- Andemakar, marina andar och astral manipulation
- Frimureri, kabbala, kundaliniuppvaknanden och häxalenter
- Barntillägnelser, prenatala initieringar och demoniska bärare
- Medieinfiltration, sexuella trauman och själsfragmentering
- Hemliga sällskap, demonisk AI och falska väckelserörelser

Varje dag innehåller:
- En verklig berättelse eller ett globalt mönster

- Skriftbaserad insikt
- Tillämpningar i grupp och personligt
- Befrielsebön + reflektionsjournal
Den här boken är för dig om du:

- En **president eller beslutsfattare** som söker andlig klarhet och skydd för sin nation
- En **pastor, förebedjare eller kyrkoarbetare** som kämpar mot osynliga krafter som motstår tillväxt och renhet
- En **VD eller företagsledare** står inför oförklarlig krigföring och sabotage
- En **tonåring eller student** som plågas av drömmar, plågor eller konstiga händelser
- En **förälder eller vårdgivare** som lägger märke till andliga mönster i din blodslinje
- En **kristen ledare** trött på oändliga bönecykler utan genombrott
- Eller helt enkelt en **troende redo att gå från överlevnad till segerrikt herravälde**

Varför den här boken?
För i en tid då mörkret bär ljusets mask **är befrielse inte längre valfri**.
Och **makten tillhör de informerade, de utrustade och de överlämnade**.
Skrivet av Zacharias Godseagle, ambassadör Monday O. Ogbe och Comfort Ladi Ogbe, detta är mer än bara undervisning – det är en **global väckarklocka** för kyrkan, familjen och nationerna att resa sig och slå tillbaka – inte i rädsla, utan i **visdom och auktoritet**.

Du kan inte lära ut det du inte har levererat. Och du kan inte vandra i herravälde förrän du bryter dig fri från mörkrets grepp.

Bryt cyklerna. Konfrontera det dolda. Ta tillbaka ditt öde – en dag i taget.

Baksidestext

F RÅN MÖRKR TILL HERRÅDE
40 dagar för att bryta sig fri från mörkrets dolda grepp
En global andakt om medvetenhet, befrielse och kraft

Är du **president**, **pastor**, **förälder** eller en **bedjande troende** – desperat efter varaktig frihet och ett genombrott?

Detta är inte bara en andakt. Det är en 40-dagars global resa genom de osynliga slagfälten av **förfäders förbund, ockult slaveri, marina andar, själsfragmentering, mediainfiltration och mer**. Varje dag avslöjar verkliga vittnesbörd, globala manifestationer och handlingsbara befrielsestrategier.

Du kommer att upptäcka:

- Hur andliga portar öppnas – och hur man stänger dem
- De dolda rötterna till upprepad försening, plåga och fångenskap
- Kraftfulla dagliga böner, reflektioner och grupptillämpningar
- Hur man når herravälde, inte bara befrielse

Från **häxaltrar** i Afrika till **new age-bedrägeri** i Nordamerika ... från **hemliga sällskap** i Europa till **blodsförbund** i Latinamerika – **den här boken avslöjar allt**.

FRÅN MÖRKRET TILL HERRADET är din färdplan till frihet, skriven för **pastorer, ledare, familjer, tonåringar, yrkesverksamma, VD**:ar och alla som är trötta på att cykla genom krig utan seger.

"Du kan inte lära ut det du inte har levererat. Och du kan inte vandra i herravälde förrän du bryter dig fri från mörkrets grepp."

Mediekampanj i ett stycke (press/e-post/ annonstext)

FRÅN MÖRKR TILL HERRÅDE: 40 dagar att bryta sig fri från mörkrets dolda grepp är en global andakt som avslöjar hur fienden infiltrerar liv, familjer och nationer genom altaren, blodslinjer, hemliga sällskap, ockulta ritualer och vardagliga kompromisser. Med berättelser från alla kontinenter och prövade befrielsestrategier är den här boken för presidenter och pastorer, VD:ar och tonåringar, hemmafruar och andliga krigare – alla som desperat längtar efter varaktig frihet. Den är inte bara för läsning – den är för att bryta kedjor.

Föreslagna taggar

- befrielseandakt
- andlig krigföring
- ex-ockulta vittnesmål
- bön och fasta
- bryta generationsförbannelser
- frihet från mörkret
- Kristen andlig auktoritet
- marina spritdrycker
- kundalini-bedrägeri
- hemliga sällskap avslöjade
- 40 dagars leverans

 # Hashtaggar för kampanjer
#MörkerTillHerravälde
#BefrielseAndakt
#BrytKedjorna

#FrihetGenomKristus
#GlobaltUppvaknande
#DoldaSlagAvslöjade
#BeFörAttBrytaSigFri
#AndligKrigföringBok
#FrånMörkretTillLjuset
#Rikeauktoritet
#IngetMerBondage
#ExOckultaVittnesmål
#KundaliniVarning
#MarinaSpriterAvslöjade
#40DagarAvFrihet

Engagemang

Till honom som kallade oss ut ur mörkret till sitt underbara ljus – **Jesus Kristus**, vår befriare, ljusbärare och härlighetens kung.

Till varje själ som ropar i tystnad – fångad av osynliga kedjor, hemsökt av drömmar, plågad av röster och kämpande mot mörker på platser där ingen ser – den här resan är för dig.

Till **pastorerna**, **förbönerna** och **väktarna på muren**,

till **mödrarna** som ber genom natten och **fäderna** som vägrar ge upp,

till den **unge pojken** som ser för mycket och den **lilla flickan** som präglas av ondska för tidigt,

till **VD:arna**, **presidenterna** och **beslutsfattarna** som bär osynliga vikter bakom den offentliga makten,

till **kyrkoarbetaren** som kämpar med hemlig fångenskap och den **andliga krigaren** som vågar slå tillbaka –

detta är er kallelse att resa er.

Och till er modiga som delade sina berättelser – tack. Era ärr befriar nu andra.

Må denna andakt lysa upp en väg genom skuggorna och leda många till herravälde, helande och helig eld.

Du är inte glömd. Du är inte maktlös. Du föddes för frihet.

— *Zacharias Godseagle, Ambassador Monday O. Ogbe & Comfort Ladi Ogbe*

Tack

Först och främst erkänner vi **Gud den Allsmäktige – Fader, Son och Helige Ande**, Ljusets och Sanningens Upphovsman, som öppnade våra ögon för de osynliga striderna bakom stängda dörrar, slöjor, predikstolar och podier. Till Jesus Kristus, vår Befriare och Kung, ger vi all ära.

Till de modiga män och kvinnor runt om i världen som delat sina berättelser om plåga, triumf och förvandling – ert mod har tänt en global våg av frihet. Tack för att ni bröt tystnaden.

Till de församlingar och väktare på muren som har arbetat i dolda rum – undervisat, förbönat, befriad och urskiljt – vi hedrar er uthållighet. Er lydnad fortsätter att riva ner fästen och avslöja bedrägeri i höjder.

Till våra familjer, bönepartners och stödteam som stod med oss medan vi grävde igenom andliga spillror för att upptäcka sanningen – tack för er orubbliga tro och tålamod.

Till forskare, YouTube-vittnesmål, visselblåsare och kungadömeskrigare som avslöjar mörker genom sina plattformar – er djärvhet har gett detta arbete insikt, uppenbarelse och brådska.

Till **Kristi kropp** : även denna bok är din. Må den väcka inom dig en helig beslutsamhet att vara vaksam, urskiljande och orädd. Vi skriver inte som experter, utan som vittnen. Vi står inte som domare, utan som återlösta.

Och slutligen, till **läsarna av denna andakt** – sökare, krigare, pastorer, befrielsepastorer, överlevande och sanningsälskare från alla nationer – må varje sida ge er kraft att röra er **Från mörker till herravälde** .

— **Zacharias Godseagle**

— **Ambassadör måndag O. Ogbe**

— **Tröst Ladi Ogbe**

Till läsaren

Det här är inte bara en bok. Det är ett samtal. En uppmaning att avslöja det som länge varit dolt – att konfrontera de osynliga krafter som formar generationer, system och själar. Oavsett om du är en **ung sökare**, en **pastor utmattad av strider du inte kan namnge**, en **företagsledare som kämpar mot nattliga skräckattacker** eller ett **statschef som står inför obevekligt nationellt mörker**, är denna andakt din **guide ut ur skuggorna**.

Till **individen** : Du är inte galen. Det du känner – i dina drömmar, din atmosfär, din blodslinje – kan verkligen vara andligt. Gud är inte bara en helbrägdagörare; Han är en befriare.

Till **familjen** : Denna 40-dagarsresa hjälper dig att identifiera mönster som länge har plågat din blodslinje – missbruk, för tidiga dödsfall, skilsmässor, ofruktsamhet, psykisk plåga, plötslig fattigdom – och ger dig verktygen för att bryta dem.

Till **kyrkoledare och pastorer** : Må detta väcka en djupare urskiljning och mod att konfrontera andevärlden från predikstolen, inte bara från podiet. Befrielse är inte valfritt. Det är en del av missionsbefallningen.

Till **VD:ar, entreprenörer och yrkesverksamma** : Andliga förbund verkar även i styrelserum. Överlämna er verksamhet åt Gud. Riv ner förfäders altaren förklädda till affärstur, blodspakter eller frimurarfavörer. Bygg med rena händer.

Till **väktarna och förbönerna** : Er vaksamhet har inte varit förgäves. Denna resurs är ett vapen i era händer – för er stad, er region, er nation.

Till **presidenter och premiärministrar** , om detta någonsin når ert skrivbord: Nationer styrs inte bara av politik. De styrs av altaren – resta i hemlighet eller offentligt. Tills de dolda grundvalarna åtgärdas kommer freden att förbli svårfångad. Må denna andaktsfullhet mana er mot en generationsreformation.

Till den **unge mannen eller kvinnan** som läser detta i ett ögonblick av desperation: Gud ser dig. Han valde dig. Och han drar dig ut – för gott.

Detta är din resa. En dag i taget. En kedja i taget.

Från mörker till herravälde — det är din tid.

Hur man använder den här boken

FRÅN MÖRKR TILL HERRÅDE: 40 dagar att bryta sig fri från mörkrets dolda grepp är mer än en andakt – det är en befrielsemanual, en andlig avgiftning och ett träningsläger för krigföring. Oavsett om du läser ensam, med en grupp, i en kyrka eller som ledare som vägleder andra, så här får du ut det mesta av denna kraftfulla 40-dagarsresa:

Daglig rytm

Varje dag följer en konsekvent struktur för att hjälpa dig att engagera ande, själ och kropp:

- **Huvudandakt** – Ett uppenbarelsetema som avslöjar dolt mörker.
- **Global kontext** – Hur detta fäste manifesteras runt om i världen.
- **Verkliga berättelser** – Sanna befrielsemöten från olika kulturer.
- **Handlingsplan** – Personliga andliga övningar, avsägelse eller deklarationer.
- **Gruppansökan** – För användning i små grupper, familjer, kyrkor eller befrielseteam.
- **Viktig insikt** – En destillerad läsning att minnas och be till.
- **Reflektionsdagbok** – Hjärtfrågor för att bearbeta varje sanning på djupet.
- **Befrielsens bön** – Riktad andlig krigsbön för att bryta fästen.

Vad du behöver

- Din **Bibel**
- En **dedikerad dagbok eller anteckningsbok**
- **Smörjelseolja** (valfritt men kraftfullt under böner)
- Villighet att **fasta och be** enligt Andens ledning

- **Ansvarspartner eller böneteam** för djupare fall

Hur man använder det med grupper eller kyrkor

- Träffas **dagligen eller varje vecka** för att diskutera insikter och leda bön tillsammans.
- Uppmuntra medlemmarna att fylla i **reflektionsjournalen** före gruppsessionerna.
- Använd avsnittet **Gruppansökan** för att starta diskussioner, bekännelser eller gemensamma befrielsestunder.
- Utse utbildade ledare för att hantera mer intensiva manifestationer.

För pastorer, ledare och befrielsepastorer

- Undervisa de dagliga ämnena från predikstolen eller i befrielseskolor.
- Utrusta ditt team att använda denna andakt som en vägledning för rådgivning.
- Anpassa avsnitt efter behov för andlig kartläggning, väckelsemöten eller bönekampanjer i staden.

Bilagor att utforska
I slutet av boken hittar du kraftfulla bonusresurser, inklusive:

1. **Daglig förklaring om total befrielse** – Säg detta högt varje morgon och kväll.
2. **Guide till mediaförsakelse** – Avgifta ditt liv från andlig kontaminering i underhållning.
3. **Bön för att urskilja dolda altare i kyrkor** – För förbönare och kyrkans arbetare.
4. **Frimureri, Kabbalah, Kundalini och ockult avsägelseskrift** – Kraftfulla ångerböner.
5. **Checklista för massbefrielse** – Används vid korståg, husgemenskaper eller personliga retreater.
6. **Länkar till videor med vittnesmål**

Förord

Det pågår ett krig – osynligt, outtalat, men våldsamt verkligt – som rasar över själarna hos män, kvinnor, barn, familjer, samhällen och nationer.
Den här boken föddes inte ur teori, utan ur eld. Ur gråtande befrielserum. Ur vittnesmål som viskades i skuggor och ropades från hustak. Ur djupa studier, global förbön och en helig frustration över ytlig kristendom som misslyckas med att ta itu med **rötterna till det mörker** som fortfarande snärjer troende.

Alltför många människor har kommit till korset men släpar fortfarande i kedjor. Alltför många pastorer predikar frihet medan de i hemlighet plågas av demoner av lust, rädsla eller förfäders förbund. Alltför många familjer är fångade i cykler – av fattigdom, perversion, missbruk, ofruktsamhet, skam – och **vet inte varför**. Och alldeles för många kyrkor undviker att prata om demoner, häxkonst, blodsaltar eller befrielse eftersom det är "för intensivt".

Men Jesus undvek inte mörkret – han **konfronterade det**.

Han ignorerade inte demoner – han **drev ut dem**.

Och han dog inte bara för att förlåta dig – han dog för att **befria dig**.

Denna 40-dagars globala andakt är inte en tillfällig bibelstudie. Det är ett **andligt operationsrum**. En frihetens dagbok. En karta ut ur helvetet för dem som känner sig fastlåsta mellan frälsning och sann frihet. Oavsett om du är en tonåring bunden av pornografi, en första dam plågad av drömmar om ormar, en premiärminister plågad av förfäders skuld, en profet som döljer hemlig fångenskap eller ett barn som vaknar upp från demoniska drömmar – den här resan är för dig.

Du hittar berättelser från hela världen – Afrika, Asien, Europa, Nord- och Sydamerika – som alla bekräftar en sanning: **djävulen gör ingen skillnad på person**. Men det är inte Gud heller. Och vad han har gjort för andra, kan han göra för dig.

Den här boken är skriven för:

- **Individer** som söker personlig befrielse
- **Familjer** som behöver generationsläkning
- **Pastorer** och kyrkans arbetare behöver rustas
- **Företagsledare** navigerar andlig krigföring i höga positioner
- **Nationer** ropar efter sann väckelse
- **Ungdomar** som omedvetet har öppnat dörrar
- **Befrielsepastorer** som behöver struktur och strategi
- Och även **de som inte tror på demoner** – tills de läser sin egen berättelse på dessa sidor

Du kommer att bli utmanad. Du kommer att bli utmanad. Men om du stannar på vägen kommer du också att **förvandlas**.

Du kommer inte bara att bryta dig fri.

Du kommer att **vandra i herravälde**.

Låt oss börja.

— *Zacharias Godseagle , ambassadör Monday O. Ogbe och Comfort Ladi Ogbe*

Förord

Det finns en skakning bland nationerna. En skakning i andevärlden. Från predikstolar till parlament, vardagsrum till kyrkor i hemlighet, människor överallt vaknar till en kuslig sanning: vi har underskattat fiendens räckvidd – och vi har missförstått den auktoritet vi bär i Kristus.

Från mörker till herravälde är inte bara en andakt; det är ett klarsignal. En profetisk manual. En livlina för de plågade, de bundna och den uppriktigt troende som undrar: "Varför är jag fortfarande i kedjor?"

Som någon som har bevittnat väckelse och befrielse över nationer vet jag av egen erfarenhet att kyrkan inte saknar kunskap – vi saknar andlig **medvetenhet**, **djärvhet** och **disciplin**. Detta verk överbryggar den klyftan. Det väver samman globala vittnesbörd, kraftfulla sanningar, praktisk handling och korsets kraft till en 40-dagars resa som skakar av dammet från vilande liv och tänder eld i de trötta.

Till pastorn som vågar konfrontera altare, till den unga vuxen som i tysthet kämpar mot demoniska drömmar, till företagaren som är intrasslad i osynliga förbund, och till ledaren som vet att något är *andligt fel* men inte kan namnge det – den här boken är för dig.

Jag uppmanar dig att inte läsa den passivt. Låt varje sida provocera din ande. Låt varje berättelse föda krigföring. Låt varje uttalande träna din mun att tala med eld. Och när du har vandrat igenom dessa 40 dagar, fira inte bara din frihet – bli ett kärl för andras frihet.

För sant herravälde är inte bara att fly mörkret...
Det är att vända sig om och dra andra in i ljuset.
I Kristi auktoritet och makt,
Ambassadör Ogbe

Introduktion

FRÅN MÖRKR TILL HERRÅDE: 40 dagar att bryta sig fri från mörkrets dolda grepp** är inte bara ännu en andakt – det är en global väckarklocka.

Över hela världen – från landsbygdsbyar till presidentpalats, kyrkaltare till styrelserum – ropar män och kvinnor efter frihet. Inte bara frälsning. **Befrielse. Klarhet. Genombrott. Helhet. Fred. Kraft.**

Men här är sanningen: Du kan inte kasta ut det du tolererar. Du kan inte bryta dig fri från det du inte kan se. Den här boken är ditt ljus i det mörkret.

I 40 dagar kommer du att gå igenom läror, berättelser, vittnesbörd och strategiska handlingar som avslöjar mörkrets dolda verkningar och ger dig kraft att övervinna – i ande, själ och kropp.

Oavsett om du är pastor, VD, missionär, förebedjare, tonåring, mamma eller statsöverhuvud, kommer innehållet i den här boken att konfrontera dig. Inte för att skämma ut dig – utan för att befria dig och förbereda dig för att leda andra till frihet.

Detta är en **global andakt om medvetenhet, befrielse och kraft** – förankrad i skrifterna, skärpt av verkliga berättelser och dränkt i Jesu blod.

Hur man använder denna andakt

1. **Börja med de 5 grundläggande kapitlen.**
   Dessa kapitel lägger grunden. Hoppa inte över dem. De kommer att hjälpa dig att förstå mörkrets andliga arkitektur och den auktoritet du har fått att höja dig över den.
2. **Gå igenom varje dag medvetet.**
   Varje dagligt inlägg innehåller ett fokustema, globala manifestationer, en verklig berättelse, skriftställen, en handlingsplan, idéer för tillämpning i gruppen, viktiga insikter, dagboksfrågor och en kraftfull bön.

3. **Stäng varje dag Med den dagliga 360°-deklarationen**
   som finns i slutet av den här boken är denna kraftfulla deklaration utformad för att stärka din frihet och skydda dina andliga portar.
4. **Använd det ensam eller i grupp**
   Oavsett om du går igenom detta individuellt eller i grupp, hemgemenskap, förbönsteam eller befrielseverksamhet – låt den Helige Ande vägleda takten och anpassa stridsplanen.
5. **Förvänta dig motstånd – och genombrottsmotstånd**
   kommer att komma. Men det kommer även frihet. Befrielse är en process, och Jesus är fast besluten att vandra den med dig.

GRUNDLÄGGANDE KAPITEL (Läs före dag 1)

1. Mörkrets ursprung

Från Lucifers uppror till framväxten av demoniska hierarkier och territoriella andar, spårar detta kapitel mörkrets bibliska och andliga historia. Att förstå var det började hjälper dig att förstå hur det fungerar.

2. Hur det Mörka Riket fungerar idag

Från förbund och blodsoffer till altaren, marina andar och teknologisk infiltration avslöjar detta kapitel de moderna ansiktena hos forntida andar – inklusive hur media, trender och till och med religion kan fungera som kamouflage.

3. Ingångspunkter: Hur människor blir fast

Ingen föds in i fångenskap av en slump. Detta kapitel undersöker dörröppningar som trauma, förfäders altare, häxkonst, själsband, ockult nyfikenhet, frimureri, falsk andlighet och kulturella sedvänjor.

4. Manifestationer: Från besatthet till besatthet

Hur ser bondage ut? Från mardrömmar till förseningar i äktenskapet, infertilitet, missbruk, ilska och till och med "heligt skratt" avslöjar det här kapitlet hur demoner förklär sig som problem, gåvor eller personligheter.

5. Ordets kraft: De troendes auktoritet

Innan vi börjar den 40 dagar långa krigföringen måste du förstå dina juridiska rättigheter i Kristus. Detta kapitel utrustar dig med andliga lagar, krigföringens vapen, bibliska protokoll och befrielsens språk.

EN SISTA UPPMANNING INNAN DU BÖRJAR

Gud kallar dig inte att *hantera* mörkret.

Han kallar dig att **behärska** det.
Inte med makt, inte med kraft, utan med sin Ande.
Låt dessa kommande 40 dagar bli mer än en andakt.
Låt det bli en begravning för varje altare som en gång kontrollerade dig ... och en kröning till det öde som Gud bestämt för dig.
Din resa inom herravälde börjar nu.

KAPITEL 1: DET MÖRKA RIKETS URSPRUNG

" *Ty vår kamp är inte mot kött och blod, utan mot furstar och makter, mot världens härskare i mörkret, mot ondskans andemakter i himlarna."* – Efesierbrevet 6:12

Långt innan mänskligheten trädde in på tidens scen utbröt ett osynligt krig i himlen. Detta var inte ett krig med svärd eller gevär, utan ett uppror – ett högförräderi mot den Högste Gudens helighet och auktoritet. Bibeln avslöjar detta mysterium genom olika avsnitt som antyder fallet av en av Guds vackraste änglar – **Lucifer**, den lysande – som vågade upphöja sig över Guds tron (Jesaja 14:12–15, Hesekiel 28:12–17).

Detta kosmiska uppror födde det **Mörka Riket** – ett rike av andligt motstånd och bedrägeri, bestående av fallna änglar (nu demoner), furstendömen och makter som står i konflikt med Guds vilja och Guds folk.

Mörkrets fall och formation

LUCIFER VAR INTE ALLTID ond. Han skapades perfekt i visdom och skönhet. Men högmod kom in i hans hjärta, och högmod blev till uppror. Han lurade en tredjedel av himlens änglar att följa honom (Uppenbarelseboken 12:4), och de kastades ut ur himlen. Deras hat mot mänskligheten är rotat i svartsjuka – eftersom mänskligheten skapades till Guds avbild och fick herravälde.

Så började kriget mellan **Ljusets rike** och **Mörkrets rike** – en osynlig konflikt som berör varje själ, varje hem och varje nation.

Det mörka kungarikets globala uttryck

ÄVEN OM DET ÄR OSYNLIGT, är detta mörka kungarikets inflytande djupt inbäddat i:

- **Kulturella traditioner** (förfädernas dyrkan, blodsoffer, hemliga sällskap)
- **Underhållning** (subliminala meddelanden, ockult musik och shower)
- **Styrelseskick** (korruption, blodspakter, eder)
- **Teknologi** (verktyg för beroende, kontroll, tankemanipulation)
- **Utbildning** (humanism, relativism, falsk upplysning)

Från afrikansk juju till västerländsk new age-mysticism, från djinndyrkan i Mellanöstern till sydamerikansk shamanism, formerna skiljer sig men **andan är densamma** – bedrägeri, dominans och förstörelse.

Varför den här boken är viktig nu

SATANS STÖRSTA KNEP är att få folk att tro att han inte existerar – eller ännu värre, att hans vägar är ofarliga.

Denna andakt är en **manual i andlig intelligens** – den lyfter slöjan, avslöjar hans planer och ger troende över hela kontinenter kraft att:

- **Känna igen** ingångspunkter
- **Avsäg dig** dolda förbund
- **Motstå** med auktoritet
- **Återfå** det som stals

Du föddes in i en strid

DETTA ÄR INTE EN ANDAKT för den räddhågsne. Du föddes på ett slagfält, inte på en lekplats. Men den goda nyheten är: **Jesus har redan vunnit kriget!**

"*Han avväpnade härskarna och makterna och lät dem öppet stå i skam, genom att segra över dem i honom.*" – Kolosserbrevet 2:15

Du är inte ett offer. Du är mer än en erövrare genom Kristus. Låt oss blottlägga mörkret – och vandra frimodigt in i ljuset.

Viktig insikt

Mörkrets ursprung är stolthet, uppror och förkastandet av Guds styre. Samma frön verkar fortfarande i människors och systems hjärtan idag. För att förstå andlig krigföring måste vi först förstå hur upproret började.

Reflektionsdagbok

- Har jag avfärdat andlig krigföring som vidskepelse?
- Vilka kulturella eller familjemässiga sedvänjor har jag normaliserat som kan vara kopplade till forntida uppror?
- Förstår jag verkligen kriget jag föddes in i?

Bön om upplysning

Himmelske Fader, uppenbara för mig de dolda rötterna till uppror runt omkring och inom mig. Avslöja mörkrets lögner som jag kanske omedvetet har omfamnat. Låt din sanning lysa in i varje skuggig plats. Jag väljer ljusets rike. Jag väljer att vandra i sanning, kraft och frihet. I Jesu namn. Amen.

KAPITEL 2: HUR DET MÖRKA RIKET FUNGERAR IDAG

"*För att inte Satan skall få övertag på oss. Vi är ju inte okunniga om hans planer.*" – 2 Korinthierbrevet 2:11

Mörkrets rike fungerar inte slumpmässigt. Det är en välorganiserad, djupt utvecklad andlig infrastruktur som speglar militär strategi. Dess mål: att infiltrera, manipulera, kontrollera och slutligen förstöra. Precis som Guds rike har rang och ordning (apostlar, profeter, etc.), så har även mörkrets rike det – med furstar, makter, mörkrets härskare och ondskans andliga makt i himlarna (Efesierbrevet 6:12).

Det Mörka Riket är inte en myt. Det är inte folklore eller religiös vidskepelse. Det är ett osynligt men verkligt nätverk av andliga agenter som manipulerar system, människor och till och med kyrkor för att uppfylla Satans agenda. Medan många föreställer sig högafflar och röda horn, är den verkliga funktionen av detta rike mycket mer subtil, systematisk och ondskefull.

1. Bedrägeri är deras valuta

Fienden handlar med lögner. Från Edens lustgård (1 Mosebok 3) till dagens filosofier har Satans taktik alltid kretsat kring att så tvivel i Guds ord. Idag framträder bedrägeri i form av:

- *New Age-läror förklädda till upplysning*
- *Ockulta sedvänjor maskerade som kulturell stolthet*
- *Häxkonst förhärligad i musik, filmer, tecknade serier och trender på sociala medier*

Människor deltar omedvetet i ritualer eller konsumerar media som öppnar andliga dörrar utan urskiljning.

2. Ondskans hierarkiska struktur

Precis som Guds rike har ordning, verkar det mörka riket under en definierad hierarki:

- **Furstendömen** – Territoriella andar som påverkar nationer och regeringar
- **Makter** – Agenter som upprätthåller ondska genom demoniska system
- **Mörkrets härskare** – Samordnare av andlig blindhet, avgudadyrkan och falsk religion
- **Andlig ondska i höga ställningar** – Elitnivåenheter som påverkar global kultur, rikedom och teknologi

Varje demon specialiserar sig på vissa uppdrag – rädsla, beroende, sexuell perversion, förvirring, stolthet, splittring.

3. Verktyg för kulturell kontroll

Djävulen behöver inte längre framträda fysiskt. Kulturen gör nu det tunga arbetet. Hans strategier idag inkluderar:

- **Subliminala meddelanden:** Musik, shower, reklam fulla av dolda symboler och omvända budskap
- **Desensibilisering:** Upprepad exponering för synd (våld, nakenhet, svordomar) tills det blir "normalt"
- **Tankekontrolltekniker:** Genom mediehypnos, emotionell manipulation och beroendeframkallande algoritmer

Detta är ingen slump. Det här är strategier som är utformade för att försvaga moraliska övertygelser, förstöra familjer och omdefiniera sanningen.

4. Generationsavtal och blodslinjer

Genom drömmar, ritualer, invigningar eller förfäderspakter är många människor omedvetet i linje med mörkret. Satan utnyttjar:

- Familjealtare och förfädernas avgudar
- Namngivningsceremonier som åkallar andar
- Hemliga familjesynder eller förbannelser som gått i arv

Dessa öppnar upp lagliga grunder för lidande tills förbundet bryts av Jesu blod.

5. Falska mirakel, falska profeter

Det Mörka Riket älskar religion – särskilt om den saknar sanning och kraft. Falska profeter, förföriska andar och förfalskade mirakel bedrar massorna:

"Ty Satan själv förvandlar sig till en ljusets ängel." – 2 Korinthierbrevet 11:14

Många följer idag röster som kittlar deras öron men binder deras själar.

Viktig insikt

Djävulen är inte alltid högljudd – ibland viskar han genom kompromisser. Mörkrakungarikets bästa taktik är att övertyga människor om att de är fria, medan de subtilt är förslavade.

Reflektionsdagbok:

- Var har du sett dessa operationer i ditt samhälle eller land?
- Finns det program, musik, appar eller ritualer som du har normaliserat som faktiskt kan vara verktyg för manipulation?

Medvetenhets- och omvändelsebön:

Herre Jesus, öppna mina ögon så att jag kan se fiendens handlingar. Avslöja varje lögn jag har trott på. Förlåt mig för varje dörr jag har öppnat, medvetet eller omedvetet. Jag bryter överenskommelsen med mörkret och väljer Din sanning, Din kraft och Din frihet. I Jesu namn. Amen.

KAPITEL 3: INGÅNGSPUNKTER – HUR MÄNNISKOR BLI FASTADE

"**G**e inte djävulen fotfäste." — Efesierbrevet 4:27

I varje kultur, generation och hem finns det dolda öppningar – portar genom vilka andligt mörker kommer in. Dessa ingångspunkter kan verka ofarliga till en början: en lek från barndomen, en familjeritual, en bok, en film, ett ouppklarat trauma. Men när de väl öppnats blir de laglig grund för demoniskt inflytande.

Vanliga ingångspunkter

1. **Blodslinjeförbund** – Förfäders eder, ritualer och avgudadyrkan som för vidare tillgång till onda andar.
2. **Tidig exponering för ockultism** – Precis som i berättelsen om *Lourdes Valdivia* från Bolivia blir barn som utsätts för häxkonst, spiritualism eller ockulta ritualer ofta andligt komprometterade.
3. **Media och musik** – Sånger och filmer som glorifierar mörker, sensualitet eller uppror kan subtilt inbjuda till andlig inflytande.
4. **Trauma och övergrepp** – Sexuella övergrepp, våldsamma trauman eller avvisande kan öppna själen för förtryckande andar.
5. **Sexuell synd och själsband** – Olagliga sexuella föreningar skapar ofta andliga band och överföring av andar.
6. **New Age och falsk religion** – Kristaller, yoga, andliga guider, horoskop och "vit häxkonst" är förtäckta inbjudningar.
7. **Bitterhet och oförlåtelse** – Dessa ger demoniska andar en laglig rätt till plåga (se Matteus 18:34).

Globalt vittnesmålshöjdpunkt: *Lourdes Valdivia (Bolivia)*

Vid bara 7 års ålder introducerades Lourdes till häxkonst av sin mor, en mångårig ockultist. Hennes hus var fyllt med symboler, ben från kyrkogårdar och magiska böcker. Hon upplevde astral projektion, röster och plåga innan hon slutligen fann Jesus och blev frigiven. Hennes berättelse är en av många – den bevisar hur tidig exponering och generationspåverkan öppnar dörrar till andlig fångenskap.

Referens för större exploater:

Berättelser om hur människor omedvetet öppnade dörrar genom "ofarliga" aktiviteter – bara för att snärjas i mörkret – finns i *Greater Exploits 14* och *Delivered from the Power of Darkness* . (Se bilagan)

Viktig insikt

Fienden bryter sällan in. Han väntar på att en dörr ska öppnas. Det som känns oskyldigt, ärvt eller underhållande kan ibland vara just den port fienden behöver.

Reflektionsdagbok

- Vilka ögonblick i mitt liv kan ha fungerat som andliga ingångspunkter?
- Finns det "ofarliga" traditioner eller föremål jag behöver släppa taget om?
- Behöver jag avsäga mig något från mitt förflutna eller min familjelinje?

Avsägelsebön

Fader, jag stänger varje dörr som jag eller mina förfäder kan ha öppnat för mörkret. Jag avsäger mig alla överenskommelser, själsband och exponering för allt oheligt. Jag bryter varje kedja med Jesu blod. Jag förkunnar att min kropp, själ och ande tillhör Kristus allena. I Jesu namn. Amen.

KAPITEL 4: MANIFESTATIONER – FRÅN BESETNING TILL BESATTHET

"*När en oren ande far ut ur en människa, vandrar den genom torra platser och söker vila, men finner ingen. Sedan säger den: 'Jag ska återvända till det hus jag lämnade.'*" — Matteus 12:43

När en person väl hamnar under det mörka rikets inflytande varierar manifestationerna beroende på graden av demonisk tillgång som beviljas. Den andliga fienden nöjer sig inte med besök – hans yttersta mål är boning och dominans.

Manifestationsnivåer

1. **Inflytande** – Fienden får inflytande genom tankar, känslor och beslut.
2. **Förtryck** – Det finns yttre tryck, tyngd, förvirring och plåga.
3. **Besatthet** – Personen blir fixerad vid mörka tankar eller tvångsmässigt beteende.
4. **Besatthet** – I sällsynta men verkliga fall tar demoner bosättning och åsidosätter en persons vilja, röst eller kropp.

Graden av manifestation är ofta kopplad till djupet av andlig kompromiss.

Globala fallstudier av manifestation

- **Afrika:** Fall av andemake/hustru, galenskap, rituell slaveri.
- **Europa:** New age-hypnos, astral projektion och sinnesfragmentering.
- **Asien:** Förfäders själsband, reinkarnationsfällor och blodslinjelöften.
- **Sydamerika:** Shamanism, andliga guider, beroende av psykisk läsning.
- **Nordamerika:** Häxkonst i media, "ofarliga" horoskop,

substansportar.
- **Mellanöstern:** Djinn-möten, blodseder och profetiska förfalskningar.

Varje kontinent presenterar sin unika förklädnad av samma demoniska system – och de troende måste lära sig att känna igen tecknen.

Vanliga symtom på demonisk aktivitet

- Återkommande mardrömmar eller sömnparalys
- Röster eller psykisk plåga
- Tvångssynd och upprepad avfall
- Oförklarliga sjukdomar, rädsla eller ilska
- Övernaturlig styrka eller kunskap
- Plötslig motvilja mot andliga ting

Viktig insikt

Det vi kallar "mentala", "känslomässiga" eller "medicinska" problem kan ibland vara andliga. Inte alltid – men tillräckligt ofta för att urskiljning är avgörande.

Reflektionsdagbok

- Har jag lagt märke till upprepade kamper som verkar andliga till sin natur?
- Finns det generationsmönster av förstörelse i min familj?
- Vilken typ av media, musik eller relationer tillåter jag in i mitt liv?

Avsägelsebön

Herre Jesus, jag avsäger mig varje dold överenskommelse, öppen dörr och ogudaktigt förbund i mitt liv. Jag bryter banden med allt som inte är av dig – medvetet eller omedvetet. Jag inbjuder den Helige Andes eld att förtära varje spår av mörker i mitt liv. Befria mig helt och hållet. I ditt mäktiga namn. Amen.

KAPITEL 5: ORDETS MAKT – DE TROENDES AUTORITET

"Se, jag ger er makt att trampa på ormar och skorpioner och över fiendens hela välde. Ingenting skall på något sätt skada er." – Lukas 10:19 (KJV)

Många troende lever i rädsla för mörkret eftersom de inte förstår ljuset de bär på. Ändå uppenbarar Skriften att **Guds ord inte bara är ett svärd** (**Efesierbrevet 6:17**) – det är eld (Jeremia 23:29), en hammare, ett frö och livet självt. I kampen mellan ljus och mörker är de som känner och förkunnar Ordet aldrig offer.

Vad är denna kraft?

Den makt som troende bär är **delegerad auktoritet**. Likt en polis med bricka står vi inte på vår egen styrka, utan i **Jesu namn** och genom Guds ord. När Jesus besegrade Satan i öknen varken ropade, grät eller fick panik – han sa helt enkelt: *"Det står skrivet."*

Detta är mönstret för all andlig krigföring.

Varför många kristna förblir besegrade

1. **Okunskap** – De vet inte vad Ordet säger om deras identitet.
2. **Tystnad** – De förkunnar inte Guds ord över situationer.
3. **Inkonsekvens** – De lever i syndiga cykler, vilket urholkar självförtroendet och tillgången.

Seger handlar inte om att ropa högre; det handlar om **att tro djupare** och **deklarera djärvt**.

Auktoritet i praktiken – Globala berättelser

- **Nigeria:** En ung pojke som var fångad i en kult blev befriad när hans mamma ständigt smorde hans rum och läste Psalm 91 varje kväll.

- **USA:** En före detta wiccan övergav häxkonsten efter att en kollega i tysthet deklarerade skrifter över hennes arbetsplats dagligen i månader.
- **Indien:** En troende förklarade Jesaja 54:17 medan han utsattes för ständiga attacker av svart magi – attackerna upphörde och angriparen erkände.
- **Brasilien:** En kvinna använde dagliga uttalanden från Romarbrevet 8 över sina självmordstankar och började vandra i övernaturlig frid.

Ordet är levande. Det behöver inte vår fullkomlighet, bara vår tro och bekännelse.

Hur man använder ordet i krigföring

1. **Memorera bibelverser** relaterade till identitet, seger och skydd.
2. **Tala Ordet högt**, särskilt under andliga attacker.
3. **Använd det i bön** och förkunna Guds löften över situationer.
4. **Fasta + Be** med Ordet som ditt ankare (Matteus 17:21).

Grundläggande skrifter för krigföring

- *2 Korintierbrevet 10:3–5* – Att riva ner fästen
- *Jesaja 54:17* – Inget vapen som smids skall ha framgång
- *Lukas 10:19* – Makt över fienden
- *Psalm 91* – Gudomligt beskydd
- *Uppenbarelseboken 12:11* – Övervunnen genom blodet och vittnesbördet

Viktig insikt

Guds ord i din mun är lika kraftfullt som Ordet i Guds mun – när det talas i tro.

Reflektionsdagbok

- Känner jag till mina andliga rättigheter som troende?
- Vilka bibelverser står jag aktivt utifrån idag?
- Har jag låtit rädsla eller okunskap tysta min auktoritet?

Bön om kraft

Fader, öppna mina ögon för den auktoritet jag har i Kristus. Lär mig att använda Ditt Ord med frimodighet och tro. Där jag har låtit rädsla eller okunnighet regera, låt uppenbarelse komma. Jag står idag som ett Guds barn, beväpnad med Andens svärd. Jag ska tala Ordet. Jag ska stå i seger. Jag ska inte frukta fienden – ty större är han som är i mig. I Jesu namn. Amen.

DAG 1: BLODSLINJER OCH PORTAR — ATT BRYTA FAMILJEKEDJOR

"Våra fäder har syndat och är inte mer, och vi får bära deras straff." – Klagovisorna 5:7

Du må vara frälst, men din blodslinje har fortfarande en historia – och tills de gamla förbunden bryts fortsätter de att tala.

Över varje kontinent finns det dolda altare, förfäderspakter, hemliga löften och ärvda synder som förblir aktiva tills de specifikt åtgärdas. Det som började med gammelföräldrar kan fortfarande kräva dagens barns öden.

Globala uttryck

- **Afrika** – Familjegudar, orakel, generationshäxkonst, blodsoffer.
- **Asien** – Förfäderdyrkan, reinkarnationsband, karmakedjor.
- **Latinamerika** – Santeria, dödsaltaren, shamanistiska blodseder.
- **Europa** – frimureriet, hedniska rötter, blodslinjepakter.
- **Nordamerika** – New age-arv, frimurarsläktskap, ockulta föremål.

Förbannelsen fortsätter tills någon reser sig och säger: "Inget mer!"

Ett djupare vittnesbörd – Läkning från rötterna

En kvinna från Västafrika insåg, efter att ha läst *Stora bedrifter 14*, att hennes kroniska missfall och oförklarliga plåga var kopplade till hennes farfars position som präst i ett helgedom. Hon hade tagit emot Kristus för flera år sedan men aldrig hanterat familjeförbunden.

Efter tre dagar av bön och fasta leddes hon att förstöra vissa arvegods och avsäga sig förbund med hjälp av Galaterbrevet 3:13. Samma månad blev hon gravid och födde ett barn som fullgången tid. Idag leder hon andra i helande- och befrielsetjänst.

En annan man i Latinamerika, från boken * *Delivered from the Power of Darkness* *, fann frihet efter att ha avsägt sig en frimurarförbannelse som i hemlighet hade förts vidare från hans gammelfarfar. När han började tillämpa skriftställen som Jesaja 49:24–26 och be för befrielse, upphörde hans mentala plåga och friden återställdes i hans hem.

Dessa berättelser är inte tillfälligheter – de är vittnesmål om sanning i handling.

Handlingsplan – Familjeinventering

1. Skriv ner alla kända familjeövertygelser, sedvänjor och tillhörigheter – religiösa, mystiska eller hemliga sällskap.
2. Be Gud om uppenbarelse av dolda altaren och pakter.
3. Förstör och kassera under bön alla föremål som är kopplade till avgudadyrkan eller ockulta sedvänjor.
4. Fasta som leds och använd skrifterna nedan för att bryta juridisk mark:
    - *Tredje Moseboken 26:40–42*
    - *Jesaja 49:24–26*
    - *Galaterbrevet 3:13*

GRUPPDISKUSSION OCH tillämpning

- Vilka vanliga familjevanor förbises ofta som ofarliga men kan vara andligt farliga?
- Låt medlemmar anonymt (vid behov) dela med sig av drömmar, föremål eller återkommande cykler i sin blodslinje.
- Gruppbön om avsägelse — varje person kan uttala namnet på familjen eller det ämne som avsägs.

Verktyg för verksamheten: Ta med smörjelseolja. Erbjud nattvard. Led gruppen i en förbundsbön om ersättning – att tillägna varje familjelinje till Kristus.

Viktig insikt

Att bli född på nytt räddar din ande. Att bryta familjeförbund bevarar ditt öde.

Reflektionsdagbok

- Vad finns i min familj? Vad måste sluta med mig?
- Finns det föremål, namn eller traditioner i mitt hem som behöver bort?
- Vilka dörrar öppnade mina förfäder som jag nu behöver stänga?

Bön om befrielse

Herre Jesus, jag tackar dig för ditt blod som talar bättre ting. Idag avsäger jag mig varje dolt altare, familjeförbund och ärvt band. Jag bryter kedjorna i min blodslinje och förkunnar att jag är en ny skapelse. Mitt liv, min familj och mitt öde tillhör nu endast dig. I Jesu namn. Amen.

DAG 2: DRÖMINVASIONER — NÄR NATTEN BLIR ETT SLAGFÄLT

"*Medan folket sov kom hans fiende och sådde ogräs bland vetet och gick sedan sin väg.*" – Matteus 13:25

För många sker den största andliga krigföringen inte medan de är vakna – den sker när de sover.

Drömmar är inte bara slumpmässig hjärnaktivitet. De är andliga portaler genom vilka varningar, attacker, förbund och öden utväxlas. Fienden använder sömnen som ett tyst slagfält för att så rädsla, lust, förvirring och förseningar – allt utan motstånd eftersom de flesta människor är omedvetna om krigföringen.

Globala uttryck

- **Afrika** – Andliga makar, ormar, ätande i drömmar, maskerader.
- **Asien** – Möten med förfäder, dödsdrömmar, karmisk plåga.
- **Latinamerika** – Animalistiska demoner, skuggor, sömnparalys.
- **Nordamerika** – Astralprojektion, utomjordiska drömmar, traumarepriser.
- **Europa** – Gotiska manifestationer, sexdemoner (incubus/succubus), själsfragmenteringar.

Om Satan kan kontrollera dina drömmar, kan han påverka ditt öde.

Vittnesmål – Från nattskräck till fred

En ung kvinna från Storbritannien mejlade efter att ha läst *Ex-Satanist: The James Exchange*. Hon berättade om hur hon i åratal hade plågats av drömmar om att bli jagad, biten av hundar eller ligga med främmande män – alltid följt av motgångar i verkliga livet. Hennes relationer misslyckades, jobbmöjligheterna försvann och hon var ständigt utmattad.

Genom att fasta och studera bibelverser som Job 33:14–18 upptäckte hon att Gud ofta talar genom drömmar – men det gör även fienden. Hon började smörja sitt huvud med olja, avvisa onda drömmar högt när hon vaknade och föra en drömdagbok. Gradvis blev hennes drömmar tydligare och fridfulla. Idag leder hon en stödgrupp för unga kvinnor som lider av drömattacker.

En nigeriansk affärsman insåg, efter att ha lyssnat på ett YouTube-vittnesmål, att hans dröm om att få mat serverad varje kväll var kopplad till häxkonst. Varje gång han tog emot maten i sin dröm gick det fel i hans verksamhet. Han lärde sig att omedelbart avvisa maten i drömmen, be i tungor före sänggåendet och ser nu gudomliga strategier och varningar istället.

Handlingsplan – Förstärk dina nattvakter

1. **Före sänggåendet:** Läs bibelverserna högt. Tillbedjan. Smörj ditt huvud med olja.
2. **Drömdagbok:** Skriv ner varje dröm när du vaknar – bra som dålig. Be den Helige Ande om tolkning.
3. **Avvisa och ta avstånd:** Om drömmen involverar sexuell aktivitet, döda släktingar, ätande eller bondage — avvisa den omedelbart i bön.
4. **Skriftkrigföring:**
    - *Psalm 4:8* – Fridfull sömn
    - *Job 33:14–18* – Gud talar genom drömmar
    - *Matteus 13:25* — Fienden sår ogräs
    - *Jesaja 54:17* – Inget vapen formades mot dig

Gruppansökan

- Dela nya drömmar anonymt. Låt gruppen urskilja mönster och betydelser.
- Lär medlemmarna hur man avvisar onda drömmar verbalt och beseglar goda i bön.
- Gruppdeklaration: "Vi förbjuder demoniska transaktioner i våra drömmar, i Jesu namn!"

Verktyg för ministeriet:

- Ta med papper och penna för drömdagbok.
- Demonstrera hur man smörjer sitt hem och sin säng.
- Erbjud nattvarden som ett förbundssegel för natten.

Viktig insikt
Drömmar är antingen portar till gudomliga möten eller demoniska fållor. Urskiljning är nyckeln.

Reflektionsdagbok

- Vilka slags drömmar har jag konsekvent upplevt?
- Tar jag mig tid att reflektera över mina drömmar?
- Har mina drömmar varnat mig för något jag ignorerat?

Nattvaktens bön
Fader, jag tillägnar mina drömmar till Dig. Låt ingen ond kraft projicera in i min sömn. Jag avvisar varje demoniskt förbund, sexuell orenhet eller manipulation i mina drömmar. Jag tar emot gudomlig besök, himmelsk instruktion och änglalikt beskydd medan jag sover. Låt mina nätter vara fyllda med frid, uppenbarelse och kraft. I Jesu namn, amen.

DAG 3: ANDLIGA MAKA/MAKA – OHELIGA FÖRENINGAR SOM BINDER ÖDEN

> *"Ty din Skapare är din man – Herren Allsmäktige är hans namn..."* – Jesaja 54:5
> *"De offrade sina söner och sina döttrar åt djävlar."* – Psalm 106:37

Medan många ropar efter ett genombrott i äktenskapet, inser de inte att de redan är i ett **andligt äktenskap** – ett de aldrig samtyckte till.

Dessa är **förbund som bildas genom drömmar, ofredande, blodsritualer, pornografi, förfäderseder eller demonisk överföring** . Den andliga maken – incubus (man) eller succubus (kvinna) – tar på sig en laglig rätt till personens kropp, intimitet och framtid, vilket ofta blockerar relationer, förstör hem, orsakar missfall och underblåser missbruk.

Globala manifestationer

- **Afrika** – Marina andar (Mami Wata), andehustrur/män från vattenriken.
- **Asien** – Himmelska äktenskap, karmiska själsfrändesförbannelser, reinkarnerade makar.
- **Europa** – Häxkonstföreningar, demoniska älskare från frimureriet eller druidiska rötter.
- **Latinamerika** – Santeria-äktenskap, kärleksformler, paktbaserade "andeäktenskap".
- **Nordamerika** – Porninducerade andliga portaler, new age-sexandar, utomjordiska bortföranden som manifestationer av inkubusmöten.

Verkliga berättelser — Kampen för äktenskapsfrihet
Tolu, Nigeria

Tolu var 32 år och singel. Varje gång hon förlovade sig försvann mannen plötsligt. Hon drömde ständigt om att gifta sig i utarbetade ceremonier. I *Greater Exploits 14* insåg hon att hennes fall stämde överens med ett vittnesmål som delades där. Hon genomgick en tre dagar lång fasta och nattliga krigsböner vid midnatt, där hon bröt själsbanden och drev ut den marina anden som krävde henne. Idag är hon gift och ger råd till andra.

Lina, Filippinerna

Lina kände ofta en "närvaro" som låg med henne på natten. Hon trodde att hon inbillade sig saker tills blåmärken började dyka upp på hennes ben och lår utan förklaring. Hennes pastor upptäckte en andlig partner. Hon erkände ett tidigare abort- och pornografiberoende och genomgick sedan befrielse. Hon hjälper nu unga kvinnor att identifiera liknande mönster i sitt samhälle.

Handlingsplan – Att bryta förbundet

1. **Bekänn** och omvänd dig från sexuella synder, själsband, ockult exponering eller förfädernas ritualer.
2. **Förkasta** alla andliga äktenskap i bön – med namn, om det uppenbaras.
3. **Fasta** i 3 dagar (eller enligt ledning) med Jesaja 54 och Psalm 18 som ankare i bibelverserna.
4. **Förstör** fysiska symboler: ringar, kläder eller gåvor knutna till tidigare älskare eller ockulta anknytningar.
5. **Förkunna högt :**

Jag är inte gift med någon ande. Jag är förbunden med Jesus Kristus. Jag förkastar varje demonisk förening i min kropp, själ och ande!

Skriftverktyg

- Jesaja 54:4–8 – Gud som din sanne make
- Psalm 18 – Att bryta dödens band
- 1 Korinthierbrevet 6:15–20 – Er kropp tillhör Herren
- Hosea 2:6–8 – Att bryta ogudaktiga förbund

Gruppansökan

- Fråga gruppmedlemmarna: Har ni någonsin drömt om bröllop, sex med främlingar eller skuggfigurer på natten?
- Leda en grupp för avsägelse av andliga makar.
- Rollspela en "skilsmässodomstol i himlen" — varje deltagare lämnar in en andlig skilsmässa inför Gud i bön.
- Använd smörjelseolja på huvud, mage och fötter som symboler för rening, reproduktion och rörelse.

Viktig insikt
Demoniska äktenskap är verkliga. Men det finns ingen andlig förening som inte kan brytas av Jesu blod.

Reflektionsdagbok

- Har jag haft återkommande drömmar om äktenskap eller sex?
- Finns det mönster av avvisande, förseningar eller missfall i mitt liv?
- Är jag villig att helt överlämna min kropp, sexualitet och framtid till Gud?

Bön om befrielse
Himmelske Fader, jag ångrar varje sexuell synd, känd eller okänd. Jag avvisar och avsäger mig varje andlig make/maka, marin ande eller ockult äktenskap som tar mitt liv. Genom kraften i Jesu blod bryter jag varje förbund, drömfrö och själsband. Jag förkunnar att jag är Kristi brud, avskild för Hans ära. Jag vandrar fri, i Jesu namn. Amen.

DAG 4: FÖRBANNADE FÖREMÅL – DÖRRAR SOM ORENAR

"*Du skall inte heller föra in någon styggelse i ditt hus, för då blir du förbannad likadant.*" — 5 Mosebok 7:26

En dold post som många ignorerar

Inte varje ägodel är bara en ägodel. Vissa saker bär på historia. Andra bär på andar. Förbannade föremål är inte bara avgudar eller artefakter – de kan vara böcker, smycken, statyer, symboler, gåvor, kläder eller till och med ärvda arvegods som en gång var tillägnade mörka krafter. Det som finns på din hylla, din handled, din vägg – kan vara själva ingången till plåga i ditt liv.

Globala observationer

- **Afrika** : Kalebasser, berlocker och armband knutna till häxdoktorer eller förfädernas dyrkan.
- **Asien** : Amuletter, zodiakstatyer och tempelsouvenirer.
- **Latinamerika** : Santería-halsband, dockor, ljus med inskriptioner av sprit.
- **Nordamerika** : Tarotkort, Ouija-brädor, drömfångare, skräckminnen.
- **Europa** : Hedniska reliker, ockulta böcker, accessoarer med häxtema.

Ett par i Europa upplevde plötslig sjukdom och andlig förtryck efter att ha återvänt från semester på Bali. Omedvetna om det hade de köpt en snidad staty som hade varit tillägnad en lokal havsgudom. Efter bön och urskiljning tog de bort föremålet och brände det. Friden återvände omedelbart.

En annan kvinna från *Greater Exploits* vittnesmål rapporterade oförklarliga mardrömmar, tills det avslöjades att ett halsband från hennes moster i själva verket var en andlig övervakningsenhet invigd i ett helgedom.

Du städar inte bara ditt hus fysiskt – du måste också städa det andligt.

Vittnesmål: "Dockan som tittade på mig"

Lourdes Valdivia, vars historia vi utforskade tidigare från Sydamerika, fick en gång en porslinsdocka under en familjefest. Hennes mamma hade invigt den i en ockult ritual. Från den natt den fördes in i hennes rum började Lourdes höra röster, uppleva sömnparalys och se figurer på natten.

Det var inte förrän en kristen vän bad med henne och den Helige Ande uppenbarade dockans ursprung som hon gjorde sig av med den. Omedelbart försvann den demoniska närvaron. Detta inledde hennes uppvaknande – från förtryck till befrielse.

Handlingsplan – Hus- och hjärtarevision

1. **Gå genom varje rum** i ditt hem med smörjelseolja och Ordet.
2. **Be den Helige Ande** att lyfta fram föremål eller gåvor som inte är från Gud.
3. **Bränn eller släng** föremål som är kopplade till ockultism, avgudadyrkan eller omoral.
4. **Stäng alla dörrar** med bibelverser som:
    - *Femte Moseboken 7:26*
    - *Apostlagärningarna 19:19*
    - *2 Korinthierbrevet 6:16–18*

Gruppdiskussion och aktivering

- Dela med dig av alla föremål eller gåvor du en gång ägde som hade ovanliga effekter i ditt liv.
- Skapa en "Checklista för städning" tillsammans.
- Ge partners i uppdrag att be i varandras hemmiljöer (med tillstånd).
- Bjud in en lokal befrielsepastor att leda en profetisk bön om hemrening.

Verktyg för tjänst: Smörjelseolja, lovsång, soppåsar (för riktig slängning) och en brandsäker behållare för föremål som ska förstöras.

Viktig insikt

Det du tillåter i ditt utrymme kan auktorisera andar i ditt liv.

Reflektionsdagbok

- Vilka föremål i mitt hem eller min garderob har oklart andligt ursprung?
- Har jag hållit fast vid något på grund av sentimentalt värde som jag nu behöver släppa taget om?
- Är jag redo att helga min plats för den Helige Ande?

Reningsbön

Herre Jesus, jag inbjuder Din Helige Ande att avslöja allt i mitt hem som inte är av Dig. Jag avsäger mig varje förbannat föremål, gåva eller föremål som varit bundet till mörkret. Jag förklarar mitt hem helig mark. Låt Din frid och renhet bo här. I Jesu namn. Amen.

DAG 5: FÖRTJÄLLD OCH BEDRAGEN — ATT BRYTA SIG FRI FRÅN SPOMMANS ANDE

"Dessa män är den högste Gudens tjänare, och de förkunnar för oss frälsningens väg." – *Apostlagärningarna 16:17 (NKJV)*
"Men Paulus blev mycket upprörd och vände sig om och sade till anden: 'Jag befaller dig i Jesu Kristi namn att fara ut ur henne.' Och han for ut i samma stund." – *Apostlagärningarna 16:18*

Det är en tunn gräns mellan profetia och spådom – och många idag korsar den utan att ens veta om det.

Från YouTube-profeter som tar betalt för "personliga ord" till tarotläsare på sociala medier som citerar skrifter, har världen blivit en marknad för andligt oväsen. Och tragiskt nog dricker många troende omedvetet från förorenade bäckar.

Spådomsanden härmar den Helige **Ande** . Den smickrar, förför, manipulerar känslor och snärjer sina offer i ett nät av kontroll. Dess mål? **Att andligt snärja in, bedra och förslava.**

Globala uttryck för spådom

- **Afrika** – Orakler, Ifá- präster, vattenandemedier, profetiskt bedrägeri.
- **Asien** – Handläsare, astrologer, siare som vittnar om förfäder, reinkarnations-"profeter".
- **Latinamerika** – Santeria-profeter, besvärjelsesmakare, helgon med mörka krafter.
- **Europa** – Tarotkort, klärvoajans, mediumcirklar, New Age-kanalisering.
- **Nordamerika** – "kristna" psykiker, numerologi i kyrkor, änglakort, andliga guider förklädda till Helig Ande.

Det som är farligt är inte bara vad de säger – utan **andan** bakom det.

Vittnesmål: Från klärvoajant till Kristus

En amerikansk kvinna vittnade på YouTube om hur hon gick från att vara en "kristen profetissa" till att inse att hon verkade under en spådomsande. Hon började se syner tydligt, ge detaljerade profetiska ord och locka stora folkmassor online. Men hon kämpade också mot depression, mardrömmar och hörde viskande röster efter varje session.

En dag, medan hon tittade på en föreläsning om *Apostlagärningarna 16*, föll vågen av. Hon insåg att hon aldrig hade underkastat sig den Helige Ande – bara sin gåva. Efter djup ånger och befrielse förstörde hon sina änglakort och fastedagbok fylld med ritualer. Idag predikar hon Jesus, inte längre "ord".

Handlingsplan – Testa andarna

1. Fråga: Drar detta ord/denna gåva mig till **Kristus**, eller till **personen** som ger den?
2. Pröva varje ande med *1 Johannesbrevet 4:1–3*.
3. Omvänd dig från all inblandning i psykiska, ockulta eller förfalskade profetiska sedvänjor.
4. Bryt alla själsband med falska profeter, spåmän eller häxinstruktörer (även online).
5. Förklara med djärvhet:

"Jag förkastar alla lögnaktiga andar. Jag tillhör Jesus allena. Mina öron är stämda för hans röst!"

Gruppansökan

- Diskutera: Har du någonsin följt en profet eller andlig vägledare som senare visade sig vara falsk?
- Gruppövning: Led medlemmarna att avstå från specifika utövningar som astrologi, själsläsningar, psykiska spel eller andliga influencers som inte är förankrade i Kristus.
- Inbjud den Helige Ande: Ge dem 10 minuter för tystnad och lyssnande. Dela sedan med er av vad Gud uppenbarar – om något.
- Bränn eller radera digitala/fysiska föremål relaterade till spådom, inklusive böcker, appar, videor eller anteckningar.

Verktyg för verksamheten:
Befrielseolja, kors (symbol för underkastelse), behållare/hink för att slänga symboliska föremål, tillbedjansmusik centrerad kring den Helige Ande.

Viktig insikt
Allt övernaturligt kommer inte från Gud. Sann profetia härrör från intimitet med Kristus, inte från manipulation eller spektakel.

Reflektionsdagbok

- Har jag någonsin känt mig dragen till psykiska eller manipulativa andliga utövningar?
- Är jag mer beroende av "ord" än av Guds ord?
- Vilka röster har jag gett tillgång till som nu behöver tystas?

BÖN OM BEFRIELSE

Fader, jag slutar samtycket till varje spådomsanda, manipulationsanda och förfalskade profetior. Jag ångrar mig för att jag sökt vägledning utan Din röst. Rena mitt sinne, min själ och min ande. Lär mig att vandra endast genom Din Ande. Jag stänger varje dörr jag öppnat för det ockulta, medvetet eller omedvetet. Jag förkunnar att Jesus är min herde, och jag hör bara Hans röst. I Jesu mäktiga namn, Amen.

DAG 6: ÖGATETS PORTAR – STÄNGNING AV MÖRKRETS PORTAR

"**Ö**gat är kroppens lampa. Om dina ögon är friska, lyser hela din kropp."
— *Matteus 6:22 (NIV)*

"Jag skall inte ställa något ont inför mina ögon..." — *Psalm 101:3 (KJV)*

I den andliga världen **är dina ögon portar.** Det som går in genom dina ögon påverkar din själ – för renhet eller förorening. Fienden vet detta. Det är därför media, bilder, pornografi, skräckfilmer, ockulta symboler, modetrender och förföriskt innehåll har blivit slagfält.

Kriget om din uppmärksamhet är ett krig om din själ.

Det som många anser vara "ofarlig underhållning" är ofta en kodad inbjudan – till lust, rädsla, manipulation, stolthet, fåfänga, uppror eller till och med demonisk anknytning.

Globala portar till visuellt mörker

- **Afrika** – Rituella filmer, Nollywood-teman som normaliserar häxkonst och polygami.
- **Asien** – Anime och manga med andliga portaler, förföriska andar, astralresor.
- **Europa** – gotiskt mode, skräckfilmer, vampyrbesattheter, satanisk konst.
- **Latinamerika** – Telenovelor som förhärligar trolldom, förbannelser och hämnd.
- **Nordamerika** – Mainstreammedia, musikvideor, pornografi, "söta" demoniska tecknade filmer.

Det du ständigt tittar på, blir du okänslig för.

Berättelse: "Tecknad film som förbannade mitt barn"

En mamma från USA märkte att hennes 5-åring började skrika på natten och rita obehagliga bilder. Efter bönen hänvisade den Helige Ande henne till en tecknad film som hennes son hade tittat på i hemlighet – en full av trollformler, talande andar och symboler som hon inte hade lagt märke till.

Hon tog bort programmen och smorde sitt hus och sina skärmar. Efter flera nätter med midnattsbön och Psalm 91 upphörde attackerna och pojken började sova fridfullt. Hon leder nu en stödgrupp som hjälper föräldrar att vakta sina barns visuella portar.

Handlingsplan – Rening av ögongrinden

1. Gör en **mediegranskning** : Vad tittar du på? Läser du? Scrollar du?
2. Avsluta prenumerationer eller plattformar som ger näring åt ditt kött och blod istället för din tro.
3. Smörj dina ögon och skärmar och förkunna Psalm 101:3.
4. Ersätt skräp med gudfruktiga input – dokumentärer, tillbedjan, ren underhållning.
5. Förklara:

"Jag skall inte ställa någon orättfärdig sak inför mina ögon. Min syn tillhör Gud."

Gruppansökan

- Utmaning: 7-dagars Eye Gate Fast — inget giftigt media, ingen ledig scrollning.
- Dela: Vilket innehåll har den Helige Ande sagt åt dig att sluta titta på?
- Övning: Lägg händerna på dina ögon och avstå från all orenhet genom syn (t.ex. pornografi, skräck, fåfänga).
- Aktivitet: Be medlemmar att ta bort appar, bränna böcker eller kassera saker som förvränger deras syn.

Verktyg: Olivolja, appar för ansvarsskyldighet, skärmsläckare för bibelverser, bönekort med ögongrindar.

Viktig insikt

Du kan inte leva med auktoritet över demoner om du blir underhållen av dem.

Reflektionsdagbok

- Vad ger jag mina ögon näring åt som kanske ger näring åt mörkret i mitt liv?
- grät jag senast över det som krossar Guds hjärta?
- Har jag gett den Helige Ande full kontroll över min skärmtid?

Renhetsbön

Herre Jesus, jag ber om att Ditt blod ska skölja över mina ögon. Förlåt mig för de saker jag har släppt in genom mina skärmar, böcker och fantasier. Idag förkunnar jag att mina ögon är till för ljus, inte mörker. Jag förkastar varje bild, lust och inflytande som inte kommer från Dig. Rena min själ. Bevaka min blick. Och låt mig se vad Du ser – i helighet och sanning. Amen.

DAG 7: KRAFTEN BAKOM NAMN — ATT AVSTÅ OHELIGA IDENTITETER

> "Jabes åkallade Israels Gud och sade: 'Ack, att du verkligen ville välsigna mig...' Gud gav honom vad han bad."
> — *1 Krönikeboken 4:10*

"Du skall inte längre heta Abram, utan Abraham..." — 1 *Moseboken 17:5*

Namn är inte bara etiketter – de är andliga uttalanden. I skrifterna återspeglar namn ofta öde, personlighet eller till och med fångenskap. Att namnge något är att ge det identitet och riktning. Fienden förstår detta – det är därför många människor omedvetet är fångade under namn som ges i okunnighet, smärta eller andlig fångenskap.

Precis som Gud ändrade namn (Abram till Abraham, Jakob till Israel, Sarai till Sara), ändrar han fortfarande öden genom att byta namn på sitt folk.

Globala sammanhang av namnbundenhet

- **Afrika** – Barn uppkallade efter döda förfäder eller avgudar ("Ogbanje", "Dike", " Ifunanya " knutna till betydelser).
- **Asien** – Reinkarnationsnamn knutna till karmiska cykler eller gudar.
- **Europa** – Namn med rötter i hedniskt eller häxkonstligt arv (t.ex. Freja, Tor, Merlin).
- **Latinamerika** – Santeria-influerade namn, särskilt genom andliga dop.
- **Nordamerika** – Namn hämtade från popkultur, upprorsrörelser eller förfädernas dedikationer.

Namn spelar roll – och de kan bära på makt, välsignelse eller slaveri.

Berättelse: "Varför jag var tvungen att byta namn på min dotter"

I *Greater Exploits 14* döpte ett nigerianskt par sin dotter till "Amaka", vilket betyder "vacker", men hon drabbades av en sällsynt sjukdom som förbryllade läkare. Under en profetisk konferens fick modern en uppenbarelse: namnet användes en gång av hennes mormor, en häxdoktor, vars ande nu gjorde anspråk på barnet.

De ändrade hennes namn till " Oluwatamilore " (Gud har välsignat mig), och därefter fastade och bad de. Barnet återhämtade sig helt.

Ett annat fall från Indien gällde en man vid namn "Karma", som kämpade med generationsförbannelser. Efter att ha avsägt sig hinduiska band och bytt namn till "Jonathan" började han få genombrott inom ekonomi och hälsa.

Handlingsplan – Undersökning av ditt namn

1. Undersök den fulla betydelsen av era namn – förnamn, mellannamn, efternamn.
2. Fråga föräldrar eller äldre varför du fick de namnen.
3. Avstå från negativa andliga betydelser eller hängivenheter i bön.
4. Förkunna din gudomliga identitet i Kristus:

"Jag är kallad efter Guds namn. Mitt nya namn är skrivet i himlen (Uppenbarelseboken 2:17)."

GRUPPENGAGEMANG

- Fråga medlemmarna: Vad betyder ditt namn? Har du haft drömmar som rör det?
- Gör en "namngivningsbön" – där du profetiskt förkunnar varje persons identitet.
- Lägg händerna på dem som behöver bryta sig loss från namn knutna till förbund eller förfädernas slaveri.

Verktyg: Skriv ut kort med namnbetydelse, ta med smörjelseolja, använd bibelverser med namnändringar.

Viktig insikt

Du kan inte vandra i din sanna identitet samtidigt som du svarar på en falsk.

Reflektionsdagbok

- Vad betyder mitt namn – andligt och kulturellt?
- Känner jag mig i linje med mitt namn eller i konflikt med det?
- Vilket namn kallar himlen mig?

Bön om namnbyte

Fader, i Jesu namn tackar jag dig för att du har gett mig en ny identitet i Kristus. Jag bryter varje förbannelse, förbund eller demoniskt band kopplat till mina namn. Jag avsäger mig varje namn som inte överensstämmer med din vilja. Jag tar emot det namn och den identitet som himlen har gett mig – fullt av kraft, syfte och renhet. I Jesu namn, Amen.

DAG 8: AVSLÖJANDE AV FALSKT LJUS — NEW AGE-FÄLLOR OCH ÄNGLABEDREGERIER

"*Och inte att undra på! Ty Satan själv förvandlar sig till en ljusets ängel.*"
— 2 Korinthierbrevet 11:14

"*Mina älskade, tro inte på varje ande, utan pröva andarna för att se om de kommer från Gud...*" — 1 Johannesbrevet 4:1

Inte allt som glöder är Gud.

I dagens värld söker ett växande antal människor "ljus", "helande" och "energi" utanför Guds ord. De vänder sig till meditation, yogaaltare, aktivering av tredje ögat, förfädernas åkallanden, tarotläsningar, månritualer, änglalik kanalisering och till och med kristet klingande mysticism. Bedrägeriet är starkt eftersom det ofta kommer med frid, skönhet och kraft – till en början.

Men bakom dessa rörelser finns spådomsandar, falska profetior och forntida gudar som bär ljusets mask för att få laglig tillgång till människors själar.

Global räckvidd av falskt ljus

- **Nordamerika** – Kristaller, salviarensning, attraktionslagen, psykiker, utomjordiska ljuskoder.
- **Europa** – Omdöpt hedendom, gudinnedyrkan, vit häxkonst, andliga festivaler.
- **Latinamerika** – Santeria blandad med katolska helgon, spiritistiska helare (curanderos).
- **Afrika** – Profetiska förfalskningar med änglaaltare och rituellt vatten.
- **Asien** – Chakran, yoga-"upplysning", reinkarnationsrådgivning, tempelandar.

Dessa metoder kan erbjuda tillfälligt "ljus", men de förmörkar själen med tiden.

Vittnesbörd: Befrielse från ljuset som bedragit

Från *Greater Exploits 14* hade Mercy (Storbritannien) deltagit i änglaworkshops och utövat "kristen" meditation med rökelse, kristaller och änglakort. Hon trodde att hon fick tillgång till Guds ljus, men började snart höra röster under sömnen och känna oförklarlig rädsla på natten.

Hennes befrielse började när någon gav henne *The Jameses Exchange*, och hon insåg likheterna mellan sina egna upplevelser och en före detta satanists upplevelser som talade om änglalika bedrägerier. Hon ångrade sig, förstörde alla ockulta föremål och underkastade sig fullständiga befrielseböner.

Idag vittnar hon djärvt mot New Age-bedrägerier i kyrkor och har hjälpt andra att avstå från liknande vägar.

Handlingsplan – Testa andarna

1. **Inventera dina vanor och övertygelser** – Stämmer de överens med Skriften eller känns de bara andliga?
2. **Avstå från och förstör** allt falskt ljus-material: kristaller, yogamanualer, änglakort, drömfångare, etc.
3. **Be Psalm 119:105** – be Gud att göra hans ord till ditt enda ljus.
4. **Förklara krig mot förvirring** — bind bekanta andar och falsk uppenbarelse.

GRUPPANSÖKAN

- **Diskutera** : Har du eller någon du känner blivit dragen in i "andliga" utövningar som inte kretsade kring Jesus?
- **Rollspel urskiljning** : Läs utdrag ur "andliga" talesätt (t.ex. "Lita på universum") och jämför dem med Skriften.
- **Smörjelse- och befrielsesession** : Riv ner altaren för falskt ljus och ersätt dem med ett förbund med *världens ljus* (Johannes 8:12).

Verktyg för ministeriet :

- Ta med faktiska New Age-föremål (eller foton på dem) för objektundervisning.
- Be befrielsebön mot andar som lever i hemlighet (se Apostlagärningarna 16:16–18).

Viktig insikt
Satans farligaste vapen är inte mörker – det är förfalskat ljus.

Reflektionsdagbok

- Har jag öppnat andliga dörrar genom "ljus"-läror som inte är förankrade i Skriften?
- Litar jag på den Helige Ande eller på intuition och energi?
- Är jag villig att ge upp alla former av falsk andlighet för Guds sanning?

AVSÄGELSEBÖN

Fader , jag ångrar mig för varje sätt jag har underhållit eller interagerat med det falska ljuset. Jag avsäger mig alla former av New Age, häxkonst och bedräglig andlighet. Jag bryter varje själsband till änglalika bedragare, andliga guider och falska uppenbarelser. Jag tar emot Jesus, världens sanna ljus. Jag försäkrar att jag inte kommer att följa någon annan röst än Din, i Jesu namn. Amen.

DAG 9: BLODSALTARET — FÖRBUND SOM KRÄVER LIV

> "*Och de byggde Baals offerplatser... för att låta sina söner och döttrar gå genom elden åt Molok.*" — Jeremia 32:35
>
> "*Och de övervann honom genom Lammets blod och genom sitt vittnesbörds ord...*" — Uppenbarelseboken 12:11

Det finns altaren som inte bara ber om din uppmärksamhet – de kräver ditt blod.

Från antiken till nutid har blodsförbund varit en central del av mörkrets rike. Vissa ingås medvetet genom häxkonst, abort, rituella mord eller ockulta initieringar. Andra ärvs genom förfäders seder eller förenas omedvetet genom andlig okunnighet.

Varhelst oskyldigt blod utgjuts – vare sig det är i helgedomar, sovrum eller styrelserum – talar ett demoniskt altare.

Dessa altaren kräver liv, förkortar öden och skapar en laglig grund för demonisk plåga.

Globala altare av blod

- **Afrika** – Rituella mord, penningritualer, barnoffer, blodspakter vid födseln.
- **Asien** – Blodsoffer i tempel, familjeförbannelser genom abort eller krigseder.
- **Latinamerika** – Santeria-djuroffer, blodsoffer till de dödas andar.
- **Nordamerika** – Abort-som-sakrament-ideologi, demoniska blodsedsbroderskap.
- **Europa** – Forntida druid- och frimurarriter, blodsutgjutelsealtaren från andra världskriget som fortfarande inte ångrats.

Dessa förbund, om de inte bryts, fortsätter att kräva liv, ofta i cykler.

Sann historia: En fars offer

I *Delivered from the Power of Darkness* upptäcker en kvinna från Centralafrika under en befrielsesession att hennes frekventa kontakter med döden var kopplade till en blodsed hennes far hade avlagt. Han hade lovat henne livet i utbyte mot rikedom efter år av infertilitet.

Efter att hennes far dog började hon se skuggor och uppleva nära dödliga olyckor varje år på sin födelsedag. Hennes genombrott kom när hon leddes att dagligen utropa Psalm 118:17 – *"Jag skall inte dö utan leva..."* – över sig själv, följt av en serie avsägelseböner och fasta. Idag leder hon en kraftfull förbönsverksamhet.

En annan berättelse från *Greater Exploits 14* beskriver en man i Latinamerika som deltog i en gänginitiering som involverade blodsutgjutelse. Åratal senare, även efter att ha tagit emot Kristus, var hans liv i ständig kaos – tills han bröt blodsförbundet genom en lång fasta, offentlig bekännelse och vattendop. Plågan upphörde.

Handlingsplan – Tysta blodsaltarna

1. **Omvänd dig** från abort, ockulta blodspakter eller ärftlig blodsutgjutelse.
2. **Avsäg** alla kända och okända blodsförbund högt vid namn.
3. **Fasta i 3 dagar** med nattvard dagligen och förkunna Jesu blod som ditt lagliga täcke.
4. **Förkunna högt** :

"Genom Jesu blod bryter jag varje blodsförbund som ingåtts för min räkning. Jag är återlöst!"

GRUPPANSÖKAN

- Diskutera skillnaden mellan naturliga blodsband och demoniska blodsförbund.
- Använd rött band/tråd för att representera blodsaltaren och en sax för att klippa dem profetiskt.

- Be om ett vittnesmål från någon som har brutit sig loss från blodsbunden slaveri.

Verktyg för ministeriet :

- Nattvardselement
- Smörjelseolja
- Leveransförklaringar
- Visuell altarbrytning med levande ljus om möjligt

Viktig insikt
Satan handlar med blod. Jesus betalade överpris för din frihet med sin.
Reflektionsdagbok

- Har jag eller min familj deltagit i något som involverat blodsutgjutelse eller eder?
- Finns det återkommande dödsfall, missfall eller våldsamma mönster i min blodslinje?
- Har jag helt litat på att Jesu blod ska tala högre över mitt liv?

Bön om befrielse
Herre Jesus , jag tackar dig för ditt dyrbara blod som talar bättre än Abels blod. Jag ångrar alla blodsförbund som jag eller mina förfäder ingått, medvetet eller omedvetet. Jag avsäger mig dem nu. Jag försäkrar att jag är täckt av Lammets blod. Låt varje demoniskt altare som kräver mitt liv tystas och krossas. Jag lever eftersom du dog för mig. I Jesu namn, Amen.

DAG 10: KARNHET OCH BRUKTHET — NÄR LIVMODERN BLIR ETT SLAGFÄLT

" *Ingen skall få missfall eller vara ofruktsam i ditt land; jag skall uppfylla dina dagars antal."* — 2 Mosebok 23:26
"Han ger den barnlösa kvinnan en familj, gör henne till en lycklig mor. Lova Herren!" — Psalm 113:9

Infertilitet är mer än ett medicinskt problem. Det kan vara ett andligt fäste som är rotat i djupa känslomässiga, förfädersmässiga och till och med territoriella strider.

Över hela världen används ofruktsamhet av fienden för att skämma ut, isolera och förstöra kvinnor och familjer. Medan vissa orsaker är fysiologiska, är många djupt andliga – knutna till generationsaltare, förbannelser, andemakar, misslyckade öden eller själsskador.

Bakom varje ofruktbar livmoder har himlen ett löfte. Men det finns ofta en krigföring som måste utkämpas före befruktningen – i livmodern och i anden.

Globala mönster av karghet

- **Afrika** – Kopplat till polygami, förfädernas förbannelser, helgedomspakter och andebarn.
- **Asien** – Karmaövertygelser, löften från tidigare liv, generationsförbannelser, skamkultur.
- **Latinamerika** – Häxkonstinducerad livmoderstängning, avundsjuka.
- **Europa** – överberoende av IVF, frimurarordens barnoffer, abortskuld.
- **Nordamerika** – Känslomässiga trauman, själsskador, missfallscykler, hormonförändrande mediciner.

VERKLIGA BERÄTTELSER – Från tårar till vittnesmål
  Maria från Bolivia (Latinamerika)
  Maria hade drabbats av fem missfall. Varje gång drömde hon om att hålla ett gråtande barn och sedan se blod nästa morgon. Läkarna kunde inte förklara hennes tillstånd. Efter att ha läst ett vittnesmål i *Greater Exploits* insåg hon att hon hade ärvt ett familjealtare av ofruktsamhet från en mormor som hade tillägnat alla kvinnliga livmodrar till en lokal gudom.

  Hon fastade och utropade Psalm 113 i 14 dagar. Hennes pastor ledde henne i att bryta förbundet med hjälp av nattvarden. Nio månader senare födde hon tvillingar.

  Ngozi från Nigeria (Afrika)
  Ngozi hade varit gift i 10 år utan barn. Under befrielseböner avslöjades det att hon hade varit gift i andevärlden med en marin make. Varje ägglossningscykel hade hon sexuella drömmar. Efter en serie krigsböner vid midnatt och en profetisk handling där hon brände sin vigselring från en tidigare ockult initiering, öppnades hennes livmoder.

  Handlingsplan – Öppna livmodern

1. **Identifiera roten** – släktforskning, emotionell, äktenskaplig eller medicinsk.
2. **Omvänd dig från tidigare aborter**, själsband, sexuella synder och ockulta hängivenheter.
3. **Smörj din livmoder dagligen** medan du förkunnar 2 Moseboken 23:26 och Psalm 113.
4. **Fasta i 3 dagar** och ta nattvarden dagligen, och förkasta alla altaren som är knutna till din livmoder.
5. **Tala högt** :

Min livmoder är välsignad. Jag förkastar varje förbund om ofruktsamhet. Jag skall bli havande och bära fram barn genom den Helige Andes kraft!

Gruppansökan

- Bjud in kvinnor (och par) att dela bördor av förseningar i en trygg och bönefull plats.
- Använd röda halsdukar eller tygstycken knutna runt midjan – och lossa dem sedan profetiskt som ett tecken på frihet.
- Led en profetisk "namngivnings"-ceremoni — förkunna barn som ännu inte är födda genom tro.
- Bryt ordförbannelser, kulturell skam och självhat i bönecirklar.

Verktyg för ministeriet:

- Olivolja (smörjer livmodern)
- Gemenskap
- Mantlar/sjalar (symboliserar täckning och nyhet)

Viktig insikt
Ofruktsamhet är inte slutet – det är en kallelse till krig, till tro och till återupprättelse. Guds dröjsmål är inte förnekelse.

Reflektionsdagbok

- Vilka känslomässiga eller andliga sår är knutna till min livmoder?
- Har jag låtit skam eller bitterhet ersätta mitt hopp?
- Är jag villig att konfrontera grundorsakerna med tro och handling?

Bön om helande och befruktning
Fader , jag står fast vid Ditt Ord som säger att ingen ska vara ofruktsam i landet. Jag förkastar varje lögn, altare och ande som är avsedd att blockera min fruktbarhet. Jag förlåter mig själv och andra som har talat ont om min kropp. Jag får helande, återställelse och liv. Jag förklarar min livmoder fruktsam och min glädje full. I Jesu namn. Amen.

DAG 11: AUTOIMMUNA SJUKDOMAR OCH KRONISK TRÖTTHET — DET OSYNLIGA KRIGET INOM DIG

"*Ett hus som är splittrat mot sig självt skall inte bestå.*" – Matteus 12:25
"*Han ger kraft åt de svaga och de kraftlösa öker han sin styrka.*" – Jesaja 40:29

Autoimmuna sjukdomar är sjukdomar där kroppen attackerar sig själv – den misstar sina egna celler för att vara fiender. Lupus, reumatoid artrit, multipel skleros, Hashimotos och andra faller under denna grupp.

Kroniskt trötthetssyndrom (CFS), fibromyalgi och andra oförklarliga utmattningssjukdomar överlappar ofta med autoimmuna problem. Men utöver det biologiska bär många som lider på känslomässiga trauman, själsliga sår och andliga bördor.

Kroppen ropar – inte bara efter medicin, utan efter fred. Många är i krig inombords.

Global glimt

- **Afrika** – Ökande autoimmuna diagnoser kopplade till trauma, föroreningar och stress.
- **Asien** – Höga andelar av sköldkörtelrubbningar kopplade till förfädernas förtryck och skamkultur.
- **Europa och Amerika** – Kronisk trötthet och utbrändhetsepidemi från prestationsdriven kultur.
- **Latinamerika** – Drabbade får ofta feldiagnoser; stigma och andliga attacker genom själsfragmentering eller förbannelser.

Dolda andliga rötter

- **Självhat eller skam** — känslan av att "inte vara tillräckligt bra".
- **Oförlåtelse mot sig själv eller andra** – immunförsvaret härmar det andliga tillståndet.
- **Obearbetad sorg eller svek** — öppnar dörren för själströtthet och fysiskt sammanbrott.
- **Häxkonstplåga eller svartsjukepilar** — används för att dränera andlig och fysisk styrka.

Sanna berättelser – strider utkämpade i mörkret
Elena från Spanien
Elena fick diagnosen lupus efter en lång destruktiv relation som gjorde henne känslomässigt nedbruten. I terapi och bön avslöjades det att hon hade internaliserat hat och trodde att hon var värdelös. När hon började förlåta sig själv och konfrontera själsliga sår med Skriften minskade hennes utbrott drastiskt. Hon vittnar om Ordets helande kraft och själsreningen.

James från USA
James, en driven företagsledare, kollapsade av kroniskt trötthetssyndrom efter 20 år av oavbruten stress. Under befrielsen avslöjades det att en generationsförbannelse av strävan utan vila plågade männen i hans familj. Han gick in i en tid av sabbat, bön och bekännelse, och fann återställelse inte bara av hälsa, utan också av identitet.

Handlingsplan – Läkning av själen och immunförsvaret

1. **Be Psalm 103:1-5** högt varje morgon – särskilt v.3-5.
2. **Lista dina inre övertygelser** – vad säger du till dig själv? Bryt lögner.
3. **Förlåt djupt** – särskilt dig själv.
4. **Ta nattvarden** för att återställa kroppsförbundet — se Jesaja 53.
5. **Vila i Gud** – Sabbaten är inte valfri, det är andlig krigföring mot utbrändhet.

Jag förkunnar att min kropp inte är min fiende. Varje cell i mig ska förenas med gudomlig ordning och frid. Jag tar emot Guds styrka och helande.
Gruppansökan

- Låt medlemmarna dela med sig av trötthetsmönster eller

känslomässig utmattning som de döljer.
- Gör en "själsdump"-övning – skriv ner bördor och bränn eller begrav dem sedan symboliskt.
- Lägg händerna på dem som lider av autoimmuna symtom; befalla balans och frid.
- Uppmuntra till att skriva dagbok i 7 dagar om känslomässiga triggers och helande bibelverser.

Verktyg för ministeriet:

- Eteriska oljor eller väldoftande smörjelse för uppfriskning
- Journaler eller anteckningsblock
- Psalm 23 meditationsmusik

Viktig insikt

Det som angriper själen manifesterar sig ofta i kroppen. Läkning måste flöda inifrån och ut.

Reflektionsdagbok

- Känner jag mig trygg i min egen kropp och mina tankar?
- Bär jag på skam eller skuldbeläggande känslor från tidigare misslyckanden eller trauman?
- Vad kan jag göra för att börja hedra vila och frid som andliga övningar?

Bön om återställelse

Herre Jesus , du är min helare. Idag förkastar jag varje lögn om att jag är trasig, smutsig eller dömd. Jag förlåter mig själv och andra. Jag välsignar varje cell i min kropp. Jag får frid i min själ och balans i mitt immunförsvar. Genom dina sår är jag helad. Amen.

DAG 12: EPILEPSI OCH PSYKISK PLÅGA — NÄR SINNET BLIR EN SLAGFÄLT

"*Herre, förbarma dig över min son, ty han är sinnessjuk och plågas mycket. Ofta faller han i eld och ofta i vatten.*" – Matteus 17:15

"*Gud har inte gett oss modlöshetens ande, utan kraftens, kärlekens och sinnets ande.*" – 2 Timoteus 1:7

Vissa plågor är inte bara medicinska – de är andliga slagfält förklädda som sjukdom.

Epilepsi, anfall, schizofreni, bipolära episoder och plågomönster i sinnet har ofta dolda rötter. Även om medicinering har en plats, är urskiljning avgörande. I många bibliska skildringar var anfall och mentala attacker ett resultat av demoniskt förtryck.

Det moderna samhället medicinerar det som Jesus ofta *kastade ut*.

Global verklighet

- **Afrika** – Anfall tillskrivs ofta förbannelser eller förfädernas andar.
- **Asien** – Epileptiker döljs ofta på grund av skam och andlig stigmatisering.
- **Latinamerika** – Schizofreni kopplad till generationshäxkonst eller avbrutna kallelser.
- **Europa och Nordamerika** – Överdiagnostik och övermedicinering maskerar ofta demoniska grundorsaker.

Verkliga berättelser – Befrielse i elden
Musa från norra Nigeria
Musa hade haft epileptiska anfall sedan barndomen. Hans familj försökte allt – från lokala läkare till kyrkböner. En dag, under en befrielseceremoni, uppenbarade Anden att Musas farfar hade erbjudit honom i ett häxeriutbyte. Efter att ha brutit förbundet och smort honom fick han aldrig ett nytt anfall.

Daniel från Peru
Daniel fick diagnosen bipolär sjukdom och kämpade med våldsamma drömmar och röster. Han upptäckte senare att hans far hade varit inblandad i hemliga sataniska ritualer i bergen. Befrielseböner och en tre dagar lång fasta gav klarhet. Rösterna tystnade. Idag är Daniel lugn, återställd och förbereder sig för tjänst.

Tecken att hålla koll på

- Upprepade anfallsepisoder utan känd neurologisk orsak.
- Röster, hallucinationer, våldsamma eller självmordstankar.
- Tids- eller minnesförlust, oförklarlig rädsla eller fysiska anfall under bön.
- Familjemönster av sinnessjukdom eller självmord.

Handlingsplan – Att ta auktoritet över sinnet

1. **Omvänd dig från alla kända ockulta band, trauman eller förbannelser.**
2. **Lägg händerna på ditt huvud varje dag och bekänn att du har ett sunt förnuft** (2 Tim 1:7).
3. **Fasta och be över sinnesbindande andar.**
4. **Bryta förfädernas eder, dedikationer eller förbannelser inom blodslinjen.**
5. **Om möjligt, gå med en stark bönepartner eller ett befrielseteam.**

Jag avvisar varje ande av plåga, beslag och förvirring. Jag får ett sunt sinne och stabila känslor i Jesu namn!
Grupparbete och tillämpning

- Identifiera familjemönster av psykisk sjukdom eller anfall.
- Be för de lidande — använd smörjelseolja på pannan.
- Låt förebedjare gå runt i rummet och ropa "Frid, var stilla!" (Mark 4:39)
- Uppmana de drabbade att bryta muntliga överenskommelser: "Jag är inte galen. Jag är helad och hel."

Verktyg för ministeriet:

- Smörjelseolja
- Kort för helandeförklaring
- Gudstjänstmusik som präglar fred och identitet

Viktig insikt
Inte alla lidanden är bara fysiska. Vissa har sina rötter i gamla förbund och demoniska juridiska grunder som måste tas itu med andligt.

Reflektionsdagbok

- Har jag någonsin plågats i mina tankar eller sömn?
- Finns det oläkt trauma eller andliga dörrar jag behöver stänga?
- Vilken sanning kan jag förkunna dagligen för att förankra mitt sinne i Guds ord?

Bön om sundhet
Herre Jesus, Du är mitt sinnes återställare. Jag avsäger mig varje förbund, trauma eller demonisk ande som angriper min hjärna, mina känslor och min klarhet. Jag får helande och ett sunt sinne. Jag förordnar att jag ska leva och inte dö. Jag ska fungera med full styrka, i Jesu namn. Amen.

DAG 13: RÄDSLANS ANDE — ATT BRYTA BUREN AV OSYNLIG PLÅGA

> *"Ty Gud har inte gett oss fruktans ande, utan kraftens och kärlekens och sinnets ande."* — 2 Timoteusbrevet 1:7

"Fruktan har plåga..." — 1 Johannesbrevet 4:18

Rädsla är inte bara en känsla – den kan vara en *ande*.

Den viskar om misslyckande innan du börjar. Den förstorar avvisandet. Den lamslår syftet. Den förlamar nationer.

Många sitter i osynliga fängelser byggda av rädsla: rädsla för döden, misslyckanden, fattigdom, människor, sjukdom, andlig krigföring och det okända.

Bakom många ångestattacker, panikångest och irrationella fobier ligger ett andligt uppdrag som sänts för **att neutralisera öden**.

Globala manifestationer

- **Afrika** – Rädsla som är rotad i generationsförbannelser, förfädernas vedergällning eller motreaktioner från häxkonst.
- **Asien** – Kulturell skam, karmisk rädsla, reinkarnationsångest.
- **Latinamerika** – Rädsla för förbannelser, bylegender och andlig vedergällning.
- **Europa och Nordamerika** – Dold ångest, diagnostiserade störningar, rädsla för konfrontation, framgång eller avslag – ofta andlig men stämplad som psykologisk.

Verkliga berättelser – Avmaskering av anden
Sarah från Kanada

I åratal kunde Sarah inte sova i mörker. Hon kände alltid en närvaro i rummet. Läkarna diagnostiserade det som ångest, men ingen behandling fungerade. Under en befrielsesession online avslöjades det att en barndomsrädsla öppnade en dörr till en plågande ande genom en mardröm och skräckfilm. Hon ångrade sig, avsägde sig rädslan och befallde den att försvinna. Hon sover nu i frid.

Uche från Nigeria

Uche kallades att predika men varje gång han stod inför människor frös han till. Rädslan var onaturlig – han kvävdes, han förlamades. I bön visade Gud honom en förbannelse som uttalats av en lärare som hånade hans röst som barn. Ordet bildade en andlig kedja. När den väl var bruten började han predika med frimodighet.

Handlingsplan – Att övervinna rädsla

1. **Bekänn all rädsla vid namn** : "Jag avsäger mig rädslan för [_____] i Jesu namn."
2. **Läs Psalm 27 och Jesaja 41 högt varje dag.**
3. **Tillbed tills fred ersätter panik.**
4. **Fasta från rädslobaserad media** — skräckfilmer, nyheter, skvaller.
5. **Förkunna dagligen** : "Jag har ett sunt förnuft. Jag är inte slav under rädsla."

Gruppansökan – Genombrott i gemenskapen

- Fråga gruppmedlemmarna: Vilken rädsla har förlamat dig mest?
- Dela upp sig i små grupper och led böner om **avsägelse** och **ersättning** (t.ex. rädsla → djärvhet, ångest → självförtroende).
- Låt varje person skriva ner en rädsla och bränna den som en profetisk handling.
- Använd *smörjelseolja* och *bibelbekännelser* över varandra.

Verktyg för ministeriet:

- Smörjelseolja
- Skriftförklaringskort
- Lovsång: "Inga längre slavar" av Bethel

Viktig insikt
Tolererad rädsla är **besudlad tro** .
Du kan inte vara djärv och rädd samtidigt – välj djärvhet.
Reflektionsdagbok

- Vilken rädsla har funnits med mig sedan barndomen?
- Hur har rädsla påverkat mina beslut, min hälsa eller mina relationer?
- Vad skulle jag göra annorlunda om jag var helt fri?

Bön om frihet från rädsla
Fader , jag avsäger mig rädslans ande. Jag stänger varje dörr genom trauma, ord eller synd som gav rädsla tillträde. Jag tar emot kraftens, kärlekens och ett sunt förnuftets Ande. Jag förkunnar frimodighet, frid och seger i Jesu namn. Rädsla har ingen längre plats i mitt liv. Amen.

DAG 14: SATANISKA MARKERINGAR — ATT RADA UT DET OHELIGA VARUMÄRKET

" *Från och med nu skall ingen plåga mig, ty jag bär Herren Jesu märke i min kropp.*" – Galaterbrevet 6:17

"*De skall sätta mitt namn på Israels barn, och jag skall välsigna dem.*" – Fjärde Moseboken 6:27

Många öden *präglas i tysthet* i den andliga världen – inte av Gud, utan av fienden.

Dessa sataniska märkningar kan komma i form av märkliga kroppstecken, drömmar om tatueringar eller brännmärken, traumatiska övergrepp, blodsritualer eller ärvda altaren. Vissa är osynliga – endast urskiljbara genom andlig känslighet – medan andra visar sig som fysiska tecken, demoniska tatueringar, andlig brännmärken eller ihållande skröpligheter.

När en person blir märkt av fienden kan de uppleva:

- Ständigt avvisande och hat utan orsak.
- Upprepade andliga attacker och blockeringar.
- För tidig död eller hälsokriser vid vissa åldrar.
- Spåras i anden — alltid synlig för mörkret.

Dessa märken fungerar som *lagliga brickor* som ger mörka andar tillåtelse att plåga, försena eller övervaka.

Men Jesu blod **renar** och **omprägla**.

Globala uttryck

- **Afrika** – Stammärken, rituella skärsår, ockulta initieringsärr.
- **Asien** – Andliga sigill, förfädernas symboler, karmiska märken.

- **Latinamerika** – Brujeria (häxkonst) initieringstecken, födelsetecken som används i ritualer.
- **Europa** – frimurareemblem, tatueringar som åkallar andliga guider.
- **Nordamerika** – New age-symboler, tatueringar för rituella övergrepp, demonisk brännmärkning genom ockulta förbund.

Verkliga berättelser – Kraften i omprofilering
David från Uganda
David möttes ständigt avvisad. Ingen kunde förklara varför, trots hans talang. I bön såg en profet ett "andligt X" i pannan – ett märke från en barndomsritual utförd av en präst i byn. Under befrielsen suddades märket andligt ut genom smörjelseolja och Jesu blods uttalanden. Hans liv förändrades inom några veckor – han gifte sig, fick ett jobb och blev ungdomsledare.

Sandra från Brasilien
Sandra hade en draktatuering från sitt tonårsuppror. Efter att ha gett sitt liv till Kristus märkte hon intensiva andliga attacker varje gång hon fastade eller bad. Hennes pastor insåg att tatueringen var en demonisk symbol kopplad till att övervaka andar. Efter en session av omvändelse, bön och inre helande tog hon bort tatueringen och bröt själsbandet. Hennes mardrömmar upphörde omedelbart.

Handlingsplan – Sudda ut märket

1. **Be den Helige Ande** att uppenbara eventuella andliga eller fysiska kännetecken i ditt liv.
2. **Omvänd dig** från allt personligt eller ärftligt engagemang i de ritualer som tillät dem.
3. **Applicera Jesu blod** över din kropp – panna, händer, fötter.
4. **Bryt övervakningsandar, själsband och juridiska rättigheter** knutna till varumärken (se bibelverser nedan).
5. **Ta bort fysiska tatueringar eller föremål** (enligt instruktioner) som är kopplade till mörka förbund.

Gruppansökan – Omprofilering i Kristus

- Fråga gruppmedlemmarna: Har du någonsin haft ett brännmärke

eller drömt om att bli brännmärkt?
- Led en bön för **rening och återinvigning** till Kristus.
- Smörj pannorna med olja och förkunna: *"Ni bär nu Herren Jesu Kristi märke."*
- Bryt av övervakande andar och omkoda deras identitet i Kristus.

Verktyg för ministeriet:

- Olivolja (välsignad för smörjelse)
- Spegel eller vit duk (symbolisk tvättakt)
- Nattvard (försegla den nya identiteten)

Viktig insikt
Det som är märkt i anden **syns i anden** – ta bort det som fienden använde för att stämpla dig.

Reflektionsdagbok

- Har jag någonsin sett konstiga märken, blåmärken eller symboler på min kropp utan förklaring?
- Finns det föremål, piercingar eller tatueringar jag behöver avstå från eller ta bort?
- Har jag helt återinvigt min kropp till ett tempel för den Helige Ande?

Bön om omprofilering
Herre Jesus , jag avsäger mig varje märke, förbund och hängivenhet som gjorts i min kropp eller ande utanför Din vilja. Genom Ditt blod utplånar jag varje satanisk märke. Jag förklarar att jag är märkt för Kristus allena. Låt Ditt äganderättssigill vara över mig, och låt varje övervakande ande nu tappa bort mig. Jag är inte längre synlig för mörkret. Jag vandrar fri – i Jesu namn, Amen.

DAG 15: SPEGELRIKET — ATT FLY FRÅN REFLEKTIONERNAS FÄNGELSE

❝ *Nu ser vi i en spegel, i ett dunkelt tillstånd, men sedan ansikte mot ansikte..."* – 1 Korinthierbrevet 13:12

"De har ögon men kan inte se, öron men kan inte höra..." – Psalm 115:5–6

Det finns en **spegelvärld** i andevärlden – en plats för *förfalskade identiteter*, andlig manipulation och mörka reflektioner. Det många ser i drömmar eller syner kan vara speglar som inte kommer från Gud, utan verktyg för bedrägeri från det mörka riket.

Inom det ockulta används speglar för **att fånga själar**, **övervaka liv** eller **överföra personligheter**. I vissa befrielsesessioner rapporterar människor att de ser sig själva "leva" på en annan plats – inuti en spegel, på en skärm eller bakom en andlig slöja. Dessa är inte hallucinationer. De är ofta sataniska fängelser utformade för att:

- Fragmentera själen
- Fördröj ödet
- Förvirra identitet
- Var värd för alternativa andliga tidslinjer

Målet? Att skapa en *falsk version* av dig själv som lever under demonisk kontroll medan ditt verkliga jag lever i förvirring eller nederlag.

Globala uttryck

- **Afrika** – Spegelhäxkonst som används av trollkarlar för att övervaka, fånga eller attackera.
- **Asien** – Shamaner använder skålar med vatten eller polerade stenar för att "se" och kalla fram andar.

- **Europa** – Svarta spegelritualer, nekromanti genom reflektioner.
- **Latinamerika** – Att titta igenom obsidianspeglar enligt aztekiska traditioner.
- **Nordamerika** – New age-spegelportaler, spegelskådning för astralresor.

Vittnesmål — "Flickan i spegeln"
Maria från Filippinerna

Maria drömde om att vara fångad i ett rum fullt av speglar. Varje gång hon gjorde framsteg i livet såg hon en version av sig själv i spegeln som drog henne bakåt. En natt under befrielsen skrek hon och beskrev hur hon såg sig själv "gå ut ur en spegel" till frihet. Hennes pastor smorde hennes ögon och ledde henne i att avstå från spegelmanipulation. Sedan dess har hennes mentala klarhet, affärs- och familjeliv förändrats.

David från Skottland

David, en gång djupt försjunken i new age-meditation, utövade "spegelskuggsarbete". Med tiden började han höra röster och se sig själv göra saker han aldrig hade tänkt sig. Efter att ha tagit emot Kristus bröt en befrielsepredikant spegelsjälsbanden och bad över hans sinne. David rapporterade att han kände sig som en "dimma som lättat" för första gången på flera år.

Handlingsplan – Bryt spegelförtrollningen

1. **Avstå från** all känd eller okänd inblandning i speglar som används andligt.
2. **Täck alla speglar i ditt hem** med en duk under bön eller fasta (om det leds).
3. **Smörj dina ögon och din panna** – förkunna att du nu bara ser vad Gud ser.
4. **Använd Skriften** för att förkunna din identitet i Kristus, inte i falsk reflektion:
    - *Jesaja 43:1*
    - *2 Korinthierbrevet 5:17*
    - *Johannes 8:36*

GRUPPANSÖKAN – IDENTITETSÅTERSTÄLLNING

- Fråga: Har du någonsin drömt om speglar, dubbelgångare eller att bli iakttagen?
- Led en bön om identitetsåterhämtning – och förkunna frihet från falska versioner av jaget.
- Lägg händerna på ögonen (symboliskt eller i bön) och be om klar syn.
- Använd en spegel i gruppen för att profetiskt förkunna: *"Jag är den Gud säger att jag är. Inget annat."*

Verktyg för ministeriet:

- Vitt tyg (täckande symboler)
- Olivolja för smörjelse
- Guide till profetisk spegeldeklaration

Viktig insikt

Fienden älskar att förvränga hur du ser dig själv – eftersom din identitet är din ingång till ödet.

Reflektionsdagbok

- Har jag trott på lögner om vem jag är?
- Har jag någonsin deltagit i spegelritualer eller omedvetet tillåtit spegelhäxkonst?
- Vad säger Gud om vem jag är?

Bön om frihet från spegelriket

Fader i himlen, jag bryter varje förbund med spegelsfären – varje mörk reflektion, andlig dubbelgångare och förfalskad tidslinje. Jag avsäger mig alla falska identiteter. Jag förkunnar att jag är den du säger att jag är. Genom Jesu blod kliver jag ut ur reflektionernas fängelse och in i fullheten av mitt syfte. Från och med idag ser jag med Andens ögon – i sanning och klarhet. I Jesu namn, Amen.

DAG 16: ATT BRYTA ORDFÖRBANNELSERNAS BAND — ATT ÅTERTA DITT NAMN, DIN FRAMTID

"*Död och liv ligger i tungans våld...*" — Ordspråksboken 18:21
"*Inget vapen som smids mot dig skall ha framgång, och varje tunga som reser sig mot dig i dom skall du döma fördöma...*" — Jesaja 54:17

Ord är inte bara ljud – de är **andliga behållare**, som bär kraft att välsigna eller binda. Många människor vandrar omedvetet under **tyngden av förbannelser som uttalas** över dem av föräldrar, lärare, andliga ledare, ex-älskare eller till och med sina egna läppar.

Vissa har hört dessa förut:

- "Du kommer aldrig att bli någonting."
- "Du är precis som din pappa – värdelös."
- "Allt du rör vid misslyckas."
- "Om jag inte kan få dig, så kommer ingen att få det."
- "Du är förbannad ... se och se."

Ord som dessa, när de väl uttalas i ilska, hat eller rädsla – särskilt av någon i auktoritetsställning – kan bli en andlig snara. Även självuttalade förbannelser som *"Jag önskar att jag aldrig var född"* eller *"Jag kommer aldrig att gifta mig"* kan ge fienden rättslig grund.

Globala uttryck

- **Afrika** – Stamförbannelser, föräldrars förbannelser över uppror, marknadsplatsförbannelser.
- **Asien** – Karmabaserade ordförklaringar, förfäderlöften uttalade över barn.

- **Latinamerika** – Brujeria (häxkonst) förbannelser aktiverade av talat ord.
- **Europa** – Uttalade hexor, familje"profetior" som uppfyller sig själva.
- **Nordamerika** – Verbala övergrepp, ockulta ramsor, affirmationer om självhat.

Oavsett om de viskas eller ropas, har förbannelser som uttalas med känslor och tro en tyngd i anden.

Vittnesmål — "När min mor talade om döden"
Keisha (Jamaica)

Keisha växte upp med att höra sin mamma säga: *"Du är anledningen till att mitt liv är förstört."* Varje födelsedag hände något dåligt. Vid 21 års ålder försökte hon självmord, övertygad om att hennes liv inte hade något värde. Under en befrielseceremoni frågade prästen: *"Vem talade döden över ditt liv?"* Hon bröt ihop. Efter att ha avsagt sig orden och släppt lös förlåtelsen upplevde hon äntligen glädje. Nu lär hon unga flickor hur man talar liv över sig själva.

Andrei (Rumänien)

Andreis lärare sa en gång: *"Du kommer att hamna i fängelse eller dö innan du fyller 25."* Det uttalandet hemsökte honom. Han hamnade i brottslighet och arresterades vid 24 års ålder. I fängelset mötte han Kristus och insåg den förbannelse han hade gått med på. Han skrev ett förlåtelsebrev till läraren, rev upp varje lögn som uttalats mot honom och började tala om Guds löften. Han leder nu en uppsökande verksamhet i fängelser.

Handlingsplan – Vänd förbannelsen

1. Skriv ner negativa uttalanden som sagts om dig – av andra eller dig själv.
2. I bön, **avsäg dig varje ordförbannelse** (säg det högt).
3. **Förlåt** den som sade det.
4. **Tala Guds sanning** över dig själv för att ersätta förbannelsen med välsignelse:
   - *Jeremia 29:11*
   - *Femte Moseboken 28:13*
   - *Romarbrevet 8:37*
   - *Psalm 139:14*

Gruppansökan – Ordens kraft

- Fråga: Vilka uttalanden har format din identitet – bra eller dåliga?
- I grupper, bryt ut förbannelser högt (med känslighet) och uttala välsignelser i stället.
- Använd skriftställekort – varje person läser högt tre sanningar om sin identitet.
- Uppmuntra medlemmarna att påbörja ett 7-dagars *välsignelsesdekret* över sig själva.

Verktyg för ministeriet:

- Flashkort med bibelidentitet
- Olivolja för att smörja munnar (helgande tal)
- Spegeldeklarationer – tala sanning över din spegelbild dagligen

Viktig insikt

Om en förbannelse uttalades, kan den brytas – och ett nytt livets ord kan uttalas i dess ställe.

Reflektionsdagbok

- Vems ord har format min identitet?
- Har jag förbannat mig själv på grund av rädsla, ilska eller skam?
- Vad säger Gud om min framtid?

Bön för att bryta ordförbannelser

Herre Jesus, jag avsäger mig varje förbannelse som uttalats över mitt liv – av familj, vänner, lärare, älskare och till och med mig själv. Jag förlåter varje röst som förkunnat misslyckande, avvisande eller död. Jag bryter kraften i dessa ord nu, i Jesu namn. Jag talar välsignelse, ynnest och öde över mitt liv. Jag är den Du säger att jag är – älskad, utvald, helad och fri. I Jesu namn. Amen.

DAG 17: BEFRIELSE FRÅN KONTROLL OCH MANIPULERING

"*Häxkonst är inte alltid kläder och kittlar – ibland är det ord, känslor och osynliga koppel.*"

"*Ty uppror är som häxkonsts synd, och envishet är som missgärning och avgudadyrkan.*"
— *1 Samuelsboken 15:23*

Häxkonst förekommer inte bara i helgedomar. Den bär ofta ett leende och manipulerar genom skuld, hot, smicker eller rädsla. Bibeln likställer uppror – särskilt upproret som utövar ogudaktig kontroll över andra – med häxkonst. Varje gång vi använder emotionellt, psykologiskt eller andligt tryck för att dominera en annans vilja, vandrar vi i farligt territorium.

Globala manifestationer

- **Afrika** – Mödrar som förbannar barn i ilska, älskare som binder andra genom "juju" eller kärleksdrycker, andliga ledare som skrämmer anhängare.
- **Asien** – Guru-kontroll över lärjungar, föräldrars utpressning i arrangerade äktenskap, manipulationer av energiladdar.
- **Europa** – Frimurareeder som kontrollerar generationsbeteende, religiös skuld och dominans.
- **Latinamerika** – Brujería (häxkonst) används för att hålla partners kvar, emotionell utpressning rotad i familjeförbannelser.
- **Nordamerika** – Narcissistiskt föräldraskap, manipulativt ledarskap maskerat som "andlig täckmantel", rädslobaserad profetia.

Häxkonstens röst viskar ofta: "*Om du inte gör detta kommer du att förlora mig, förlora Guds ynnest eller lida.*"

Men sann kärlek manipulerar aldrig. Guds röst bringar alltid frid, klarhet och valfrihet.

Verklig historia — Att bryta det osynliga kopplet

Grace från Kanada var djupt engagerad i en profetisk verksamhet där ledaren började diktera vem hon fick dejta, var hon fick bo och till och med hur hon skulle be. Till en början kändes det andligt, men med tiden kände hon sig som en fånge i hans åsikter. När hon försökte fatta ett självständigt beslut fick hon höra att hon "gjorde uppror mot Gud". Efter ett sammanbrott och efter att ha läst *Greater Exploits 14* insåg hon att detta var karismatisk häxkonst – kontroll maskerad som profetia.

Grace avsägde sig själsbandet till sin andliga ledare, ångrade sitt eget samtycke till manipulation och gick med i en lokal gemenskap för att bli hel. Idag är hon hel och hjälper andra att komma ur religiösa övergrepp.

Handlingsplan — Att urskilja häxkonst i relationer

1. Fråga dig själv: *Känner jag mig fri runt den här personen, eller rädd för att göra hen besviken?*
2. Lista relationer där skuld, hot eller smicker används som kontrollverktyg.
3. Avstå från alla känslomässiga, andliga eller själsliga band som får dig att känna dig dominerad eller röstlös.
4. Be högt om att bryta varje manipulativt koppel i ditt liv.

Skriftverktyg

- **1 Samuelsboken 15:23** – Uppror och häxkonst
- **Galaterbrevet 5:1** – "Stå fasta... låt er inte återigen tyngas av slaveriets ok."
- **2 Korinthierbrevet 3:17** – "Där Herrens Ande är, där är frihet."
- **Mika 3:5–7** – Falska profeter använder hot och mutor

Gruppdiskussion och tillämpning

- Dela (anonymt om det behövs) en gång då du kände dig andligt eller känslomässigt manipulerad.

- Rollspela en "sanningssägande" bön – att släppa kontrollen över andra och ta tillbaka din vilja.
- Låt medlemmarna skriva brev (verkliga eller symboliska) där de bryter banden med kontrollerande personer och förkunnar frihet i Kristus.

Verktyg för ministeriet:

- Para ihop befrielsepartners.
- Använd smörjelseolja för att förklara frihet över sinnet och viljan.
- Använd nattvarden för att återupprätta förbundet med Kristus som det *enda sanna höljet*.

Viktig insikt
Där manipulation lever, frodas häxkonst. Men där Guds Ande är, där finns frihet.

Reflektionsdagbok

- Vem eller vad har jag låtit kontrollera min röst, vilja eller riktning?
- Har jag någonsin använt rädsla eller smicker för att få min vilja igenom?
- Vilka steg ska jag ta idag för att vandra i Kristi frihet?

Bön om befrielse
Himmelske Fader, jag avsäger mig varje form av emotionell, andlig och psykologisk manipulation som verkar i eller omkring mig. Jag skär av varje själsband som är rotat i rädsla, skuld och kontroll. Jag bryter mig fri från uppror, dominans och hot. Jag förkunnar att jag leds av endast Din Ande. Jag tar emot nåd att vandra i kärlek, sanning och frihet. I Jesu namn. Amen.

DAG 18: ATT BRYTA MAKTEN AV OFÖRLÅTELSE OCH BITTERHET

"*Oförlåtelse är som att dricka gift och förvänta sig att den andra personen ska dö."*
"Se till att ingen bitter rot växer upp och orsakar oordning och orenar många."
– *Hebreerbrevet 12:15*

Bitterhet är en tyst förgörare. Den kan börja med smärta – ett svek, en lögn, en förlust – men när den lämnas okontrollerad gror den i oförlåtelse och slutligen till en rot som förgiftar allting.

Oförlåtelse öppnar dörren för plågande andar (Matteus 18:34). Den grumlar urskiljningsförmågan, hindrar läkning, kväver dina böner och blockerar flödet av Guds kraft.

Befrielse handlar inte bara om att driva ut demoner – det handlar om att släppa lös det du har hållit inom dig.

GLOBALA UTTRYCK FÖR bitterhet

- **Afrika** – Stamkrig, politiskt våld och familjeförräderi gick i arv genom generationer.
- **Asien** – Vanära mellan föräldrar och barn, kastbaserade sår, religiösa svek.
- **Europa** – Generationstystnad om övergrepp, bitterhet över skilsmässa eller otrohet.
- **Latinamerika** – Sår från korrupta institutioner, avvisanden från familjer, andlig manipulation.
- **Nordamerika** – Kyrkans trauma, rasistiska trauman, frånvarande

fäder, orättvisa på arbetsplatsen.

Bitterhet ropar inte alltid. Ibland viskar den: "Jag kommer aldrig att glömma vad de gjorde."

Men Gud säger: *Släpp det – inte för att de förtjänar det, utan för att **du** gör det.*

Den verkliga historien — Kvinnan som inte ville förlåta

Maria från Brasilien var 45 år när hon först kom för att få hjälp. Varje natt drömde hon om att bli strypt. Hon hade magsår, högt blodtryck och depression. Under sessionen avslöjades det att hon hade hyst hat mot sin far som misshandlade henne som barn – och senare övergav familjen.

Hon hade blivit kristen, men hade aldrig förlåtit honom.

Medan hon grät och släppte honom inför Gud, fick hennes kropp kramper – något gick sönder. Den natten sov hon fridfullt för första gången på 20 år. Två månader senare började hennes hälsa förbättras drastiskt. Hon delar nu med sig av sin berättelse som helande coach för kvinnor.

Handlingsplan — Att dra ut den bittra roten

1. **Nämn det** – Skriv ner namnen på dem som sårat dig – till och med dig själv eller Gud (om du i hemlighet har varit arg på Honom).
2. **Släpp det** – Säg högt: *"Jag väljer att förlåta [namn] för [specifikt brott]. Jag släpper dem och befriar mig själv."*
3. **Bränn det** – Om det är säkert att göra det, bränn eller strimla pappret som en profetisk befrielsehandling.
4. **Be om välsignelse** över dem som gjort dig orätt – även om dina känslor gör motstånd. Detta är andlig krigföring.

Skriftverktyg

- *Matteus 18:21–35* – Liknelsen om den oförlåtande tjänaren
- *Hebreerbrevet 12:15* – Bittra rötter besudlar många
- *Markus 11:25* – Förlåt, så att era böner inte hindras
- *Romarbrevet 12:19–21* – Överlåt hämnden åt Gud

GRUPPANSÖKAN OCH VERKSAMHET

- Be varje person (enskilt eller skriftligt) att namnge någon de kämpar med att förlåta.
- Dela upp er i bönegrupper för att gå igenom förlåtelseprocessen med hjälp av bönen nedan.
- Led en profetisk "brännceremoni" där skriftliga förolämpningar förstörs och ersätts med förklaringar om helande.

Verktyg för ministeriet:

- Förlåtelseförklaringskort
- Mjuk instrumentalmusik eller genomdränkande dyrkan
- Glädjens olja (för smörjelse efter befrielse)

Viktig insikt
Oförlåtelse är en port som fienden utnyttjar. Förlåtelse är ett svärd som skär av fångens band.

Reflektionsdagbok

- Vem behöver jag förlåta idag?
- Har jag förlåtit mig själv – eller straffar jag mig själv för tidigare misstag?
- Tror jag att Gud kan återställa det jag förlorat genom svek eller förolämpning?

Bön om befrielse
Herre Jesus, jag kommer inför dig med min smärta, ilska och minnen. Jag väljer idag – i tro – att förlåta alla som har sårat, misshandlat, förrått eller förkastat mig. Jag släpper taget om dem. Jag befriar dem från dom och jag befriar mig själv från bitterhet. Jag ber dig att läka varje sår och fylla mig med din frid. I Jesu namn. Amen.

DAG 19: LÄKNING FRÅN SKAM OCH FÖRDÖMMELSE

"Skam säger: 'Jag är ond.' Fördömelse säger: 'Jag kommer aldrig att bli fri.' Men Jesus säger: 'Du är min, och jag har gjort dig ny.'"

"De som ser upp till honom strålar av skäms, deras ansikten höljs aldrig i skam."

– Psalm 34:5

Skam är inte bara en känsla – det är fiendens strategi. Det är manteln han sveper runt dem som har fallit, misslyckats eller blivit kränkta. Den säger: "Du kan inte komma nära Gud. Du är för smutsig. För skadad. För skyldig."

Men fördömelse är en **lögn** – för i Kristus **finns ingen fördömelse** (Romarbrevet 8:1).

Många människor som söker befrielse förblir fastlåsta eftersom de tror att de inte är **värdiga friheten**. De bär skuldkänslor som ett märke och spelar om sina värsta misstag som en trasig skiva.

Jesus betalade inte bara för dina synder – Han betalade för din skam.

Globala ansikten av skam

- **Afrika** – Kulturella tabun kring våldtäkt, ofruktsamhet, barnlöshet eller att inte gifta sig.
- **Asien** – Vanärabaserad skam på grund av familjeförväntningar eller religiöst avhopp.
- **Latinamerika** – Skuldkänslor från aborter, ockult inblandning eller familjeskam.
- **Europa** – Dold skam från hemliga synder, övergrepp eller psykiska problem.
- **Nordamerika** – Skam från missbruk, skilsmässa, pornografi eller identitetsförvirring.

Skam frodas i tystnad – men den dör i ljuset av Guds kärlek.

Sann historia — Ett nytt namn efter abort

Jasmine från USA gjorde tre aborter innan hon kom till Kristus. Trots att hon var frälst kunde hon inte förlåta sig själv. Varje mors dag kändes som en förbannelse. När folk pratade om barn eller föräldraskap kände hon sig osynlig – och ännu värre, ovärdig.

Under en kvinnoretreat hörde hon ett budskap om Jesaja 61 – "istället för skam, dubbel lott." Hon grät. Den natten skrev hon brev till sina ofödda barn, omvände sig igen inför Herren och fick en syn av Jesus som gav henne nya namn: *"Älskade", "Moder", "Återställd".*

Hon betjänar nu kvinnor som har genomgått abort och hjälper dem att återta sin identitet i Kristus.

Handlingsplan — Kliv ut ur skuggorna

1. **Namnge skammen** – Skriv dagbok om vad du har dolt eller känt skuld över.
2. **Bekänn lögnen** – Skriv ner de anklagelser du har trott på (t.ex. "Jag är smutsig", "Jag är diskvalificerad").
3. **Ersätt med Sanning** – Förkunna Guds ord högt över dig själv (se bibelverserna nedan).
4. **Profetisk handling** – Skriv ordet "SKAM" på ett papper och riv eller bränn det sedan. Förklara: *"Jag är inte längre bunden av detta!"*

Skriftverktyg

- *Romarbrevet 8:1–2* – Ingen fördömelse i Kristus
- *Jesaja 61:7* – Dubbel del för skam
- *Psalm 34:5* – Strålglans i Hans närvaro
- *Hebreerbrevet 4:16* – Frimodig tillgång till Guds tron
- *Sefanja 3:19–20* – Gud tar bort skammen bland nationerna

Gruppansökan och verksamhet

- Be deltagarna att skriva anonyma skamuttalanden (t.ex. "Jag gjorde abort", "Jag blev utnyttjad", "Jag begick bedrägeri") och lägga dem i en förseglad låda.
- Läs Jesaja 61 högt och led sedan en bön för utbyte – sorg för glädje, aska för skönhet, skam för ära.
- Spela lovsångsmusik som betonar identitet i Kristus.
- Tala profetiska ord över individer som är redo att släppa taget.

Verktyg för ministeriet:

- Identitetsdeklarationskort
- Smörjelseolja
- Spellista för lovsång med låtar som "You Say" (Lauren Daigle), "No Longer Slaves" eller "Who You Say I Am"

Viktig insikt

Skam är en tjuv. Den stjäl din röst, din glädje och din auktoritet. Jesus förlät inte bara dina synder – han berövade skammen dess kraft.

Reflektionsdagbok

- Vilket är det tidigaste minnet av skam jag kan minnas?
- Vilken lögn har jag trott om mig själv?
- Är jag redo att se mig själv som Gud ser mig – ren, strålande och utvald?

Bön om helande

Herre Jesus, jag bringar Dig min skam, min dolda smärta och varje röst av fördömelse. Jag ångrar att jag håller med fiendens lögner om vem jag är. Jag väljer att tro på vad Du säger – att jag är förlåten, älskad och förnyad. Jag tar emot Din rättfärdighetsmantel och träder in i friheten. Jag går ut ur skam och in i Din härlighet. I Jesu namn, Amen.

DAG 20: HUSHÅLLSHÄXA — NÄR MÖRKRET BO UNDER SAMMA TAK

"*Inte alla fiender är utanför. Vissa har bekanta ansikten.*"
"En mans hushåll skall vara hans fiender."
– *Matteus 10:36*

Några av de hårdaste andliga striderna utkämpas inte i skogar eller helgedomar – utan i sovrum, kök och familjealtare.

Hushållshäxkonst avser demoniska operationer som härrör från ens familj - föräldrar, makar, syskon, huspersonal eller utökade släktingar - genom avund, ockult utövning, förfädernas altare eller direkt andlig manipulation.

Befrielse blir komplex när de inblandade är **de vi älskar eller lever med.**

Globala exempel på hushållshäxkonster

- **Afrika** – En svartsjuk styvmor sänder förbannelser genom mat; ett syskon åkallar andar mot en mer framgångsrik bror.
- **Indien och Nepal** – Mödrar tillägnar sina barn till gudar vid födseln; hemaltare används för att kontrollera öden.
- **Latinamerika** – Brujeria eller Santeria utövas i hemlighet av släktingar för att manipulera makar eller barn.
- **Europa** – Dolda frimurerier eller ockulta eder i familjelinjer; psykiska eller spiritualistiska traditioner som förts vidare.
- **Nordamerika** – Wicca- eller new age-föräldrar "välsignar" sina barn med kristaller, energiring eller tarot.

Dessa makter må gömma sig bakom familjetillgivenhet, men deras mål är kontroll, stagnation, sjukdom och andlig slaveri.

Sann historia — Min far, byns profet

En kvinna från Västafrika växte upp i ett hem där hennes far var en högt respekterad profet i byn. För utomstående var han en andlig vägledare. Bakom stängda dörrar begravde han amuletter i området och gjorde uppoffringar för familjer som sökte ynnest eller hämnd.

Märkliga mönster uppstod i hennes liv: upprepade mardrömmar, misslyckade relationer och oförklarliga sjukdomar. När hon gav sitt liv till Kristus vände sig hennes far emot henne och förklarade att hon aldrig skulle lyckas utan hans hjälp. Hennes liv gick i spiral i flera år.

Efter månader av midnattsböner och fasta ledde den Helige Ande henne att avsäga sig varje själsligt band med sin fars ockulta mantel. Hon begravde skrifter i sina väggar, brände gamla symboler och smorde sin tröskel dagligen. Sakta men säkert började genombrott: hennes hälsa återvände, hennes drömmar klarnade och hon gifte sig äntligen. Hon hjälper nu andra kvinnor som står inför hushållsaltare.

Handlingsplan — Att konfrontera den välbekanta anden

1. **Urskilja utan att vanära** – Be Gud att uppenbara dolda krafter utan hat.
2. **Bryt själsliga överenskommelser** – Avsäg dig varje andligt band som skapats genom ritualer, altaren eller uttalade eder.
3. **Andligt separerade** – Även om ni bor i samma hus kan ni **koppla bort er andligt** genom bön.
4. **Helga ditt utrymme** – Smörj varje rum, föremål och tröskel med olja och skrift.

Skriftverktyg

- *Mika 7:5–7* – Lita inte på din nästa
- *Psalm 27:10* – "Om än min far och min mor överger mig..."
- *Lukas 14:26* – Älska Kristus mer än familjen
- *2 Kungaboken 11:1–3* – Dold befrielse från en mordisk drottningmoder
- *Jesaja 54:17* – Inget vapen som smids skall ha framgång

Gruppansökan

- Berätta om erfarenheter där motstånd kom inifrån familjen.
- Be om visdom, mod och kärlek inför motstånd i hushållet.
- Led en avsägelsebön från varje själsband eller uttalad förbannelse från släktingar.

Verktyg för ministeriet:

- Smörjelseolja
- Förlåtelseförklaringar
- Böner om förbundsfrigörelse
- Psalm 91 böneöverdrag

Viktig insikt
Blodslinjen kan vara en välsignelse eller ett slagfält. Du är kallad att återlösa den, inte att styras av den.

Reflektionsdagbok

- Har jag någonsin mött andligt motstånd från någon nära?
- Finns det någon jag behöver förlåta – även om de fortfarande sysslar med häxkonst?
- Är jag villig att bli avskild, även om det kostar mig relationer?

Bön om separation och beskydd
Fader, jag erkänner att det största motståndet kan komma från de som står mig närmast. Jag förlåter varje hushållsmedlem som medvetet eller omedvetet arbetar emot mitt öde. Jag bryter varje själsband, förbannelse och förbund som ingåtts genom min familjelinje och som inte överensstämmer med Ditt rike. Genom Jesu blod helgar jag mitt hem och förkunnar: jag och mitt hus skall tjäna Herren. Amen.

DAG 21: JEZEBEL-ANDEN — FÖRFÖRELSE, KONTROLL OCH RELIGIÖS MANIPULATION

"*Men jag har detta emot dig: du tolererar kvinnan Isebel, som kallar sig profetissa. Genom sin lära vilseleder hon...*" – Uppenbarelseboken 2:20

"*Hennes slut kommer plötsligt, utan botemedel.*" – Ordspråksboken 6:15

Vissa andar ropar utifrån.

Isebel viskar inifrån.

Hon frestar inte bara – hon **tillskansa sig, manipulerar och korrumperar**, vilket lämnar krossade tjänster, kvävda äktenskap och förförda nationer av uppror.

Vad är Isebels ande?

Isebels ande:

- Härmar profetior för att vilseleda
- Använder charm och förförelse för att kontrollera
- Hatar sann auktoritet och tystar profeter
- Maskerar stolthet bakom falsk ödmjukhet
- Ofta knyter an till ledarskapet eller de som står det nära

Denna ande kan verka genom **män eller kvinnor**, och den frodas där okontrollerad makt, ambition eller avvisande förblir ohelade.

Globala manifestationer

- **Afrika** – Falska profetissor som manipulerar altaren och kräver lojalitet med rädsla.
- **Asien** – Religiösa mystiker blandar förförelse med visioner för att

dominera andliga kretsar.
- **Europa** – Forntida gudinnekulter återupplivades i New Age-metoder under namnet empowerment.
- **Latinamerika** – Santeriaprästinnor utövar kontroll över familjer genom "andlig rådgivning".
- **Nordamerika** – Influencers på sociala medier som marknadsför "gudomlig kvinnlighet" samtidigt som de hånar biblisk underkastelse, auktoritet eller renhet.

Den verkliga historien: *Jezebel som satt på altaret*

I en karibisk nation började en kyrka i brand för Gud att försvinna – långsamt, subtilt. Förbönsgruppen som en gång möttes för midnattsböner började skingras. Ungdomsverksamheten hamnade i skandal. Äktenskap i kyrkan började gå i kras, och den en gång så eldiga pastorn blev obeslutsam och andligt trött.

I centrum för allt stod en kvinna – **syster R.** Vacker, karismatisk och generös, hon beundrades av många. Hon hade alltid ett "ord från Herren" och en dröm om allas öde. Hon gav generöst till kyrkliga projekt och förtjänade en plats nära pastorn.

Bakom kulisserna **förtalade hon subtilt andra kvinnor**, förförde en juniorpastor och sådde splittring. Hon positionerade sig som en andlig auktoritet samtidigt som hon i tysthet undergrävde det faktiska ledarskapet.

En natt hade en tonårsflicka i kyrkan en livlig dröm – hon såg en orm lindad under predikstolen viska i mikrofonen. Skräckslagen berättade hon drömmen för sin mamma som tog med den till pastorn.

Ledningen beslutade att gå på en **tredagarsfasta** för att söka Guds vägledning. På den tredje dagen, under en bönestund, började syster R manifestera våldsamt. Hon väste, skrek och anklagade andra för häxkonst. En kraftfull befrielse följde, och hon erkände: hon hade initierats i en andlig orden i sena tonåren, med uppgift **att infiltrera kyrkor för att "stjäla deras eld"**.

Hon hade redan varit i **fem kyrkor** innan denna. Hennes vapen var inte högljutt – det var **smicker, förförelse, känslomässig kontroll** och profetisk manipulation.

Idag har den kyrkan återuppbyggt sitt altare. Predikstolen har återinvigts. Och den där unga tonårsflickan? Hon är nu en eldig evangelist som leder en kvinnlig bönerörelse.

Handlingsplan — Hur man konfronterar Jesebel

1. **Ångra dig** från allt sätt du har samarbetat med manipulation, sexuell kontroll eller andlig stolthet.
2. **Urskilj** Isebels drag – smicker, uppror, förförelse, falsk profetia.
3. **Bryt själsband** och oheliga allianser i bön – särskilt med alla som drar dig bort från Guds röst.
4. **Förkunna din auktoritet** i Kristus. Isebel fruktar dem som vet vilka de är.

Skriftliga arsenal:

- 1 Kungaboken 18–21 – Isebel mot Elia
- Uppenbarelseboken 2:18–29 – Kristi varning till Tyatira
- Ordspråksboken 6:16–19 – Vad Gud hatar
- Galaterbrevet 5:19–21 – Köttets gärningar

Gruppansökan

- Diskutera: Har du någonsin bevittnat andlig manipulation? Hur maskerade den sig?
- Deklarera som grupp en "ingen tolerans"-policy för Jezebel – i kyrkan, hemmet eller ledarskapet.
- Om det behövs, genomgå en **befrielsebön** eller fasta för att bryta hennes inflytande.
- Återinviga alla tjänster eller altare som har äventyrats.

Verktyg för verksamheten:

Använd smörjelseolja. Skapa utrymme för bekännelse och förlåtelse. Sjung lovsånger som förkunnar **Jesu herravälde.**

Viktig insikt

Jezebel frodas där **urskiljningsförmågan är låg** och **toleransen hög** . Hennes regeringstid slutar när andlig auktoritet vaknar.

Reflektionsdagbok

- Har jag låtit manipulation leda mig?
- Finns det människor eller influenser som jag har upphöjt över Guds röst?
- Har jag tystat min profetiska röst av rädsla eller kontroll?

Bön om befrielse

Herre Jesus, jag avsäger mig varje allians med Isebels ande. Jag avvisar förförelse, kontroll, falsk profetia och manipulation. Rena mitt hjärta från stolthet, rädsla och kompromisser. Jag tar tillbaka min auktoritet. Låt varje altare som Isebel har byggt i mitt liv rivas ner. Jag tronar dig, Jesus, som Herre över mina relationer, kallelse och tjänst. Fyll mig med urskiljning och djärvhet. I ditt namn, Amen.

DAG 22: PYTONER OCH BÖNER — ATT BRYTA SAMMANDRAGNINGENS ANDE

"*En gång när vi var på väg till böneplatsen möttes vi av en slavinna som var besatt av pytons ande...*" – Apostlagärningarna 16:16

"*På lejon och huggormar skall du trampa...*" – Psalm 91:13

Det finns en ande som inte biter – den **klämmer**.

Den kväver din eld. Den slingrar sig runt ditt böneliv, din andedräkt, din tillbedjan, din disciplin – tills du börjar ge upp det som en gång gav dig styrka.

Pythons ande – en demonisk kraft som **hämmar andlig tillväxt, försenar ödet, stryper bön och förfalskar profetior**.

Globala manifestationer

- **Afrika** – Pytonormanden framträder som en falsk profetisk kraft och verkar i marina och skogshelgedomar.
- **Asien** – Ormandar dyrkades som gudar som måste matas eller blidkas.
- **Latinamerika** – Santeria-slemaltaren som används för rikedom, lust och makt.
- **Europa** – Ormsymboler inom häxkonst, spådom och psykiska kretsar.
- **Nordamerika** – Förfalskade "profetiska" röster med rötter i uppror och andlig förvirring.

Vittnesmål: *Flickan som inte kunde andas*

Marisol från Colombia började få andnöd varje gång hon knäböjde för att be. Hennes bröstkorg spändes. Hennes drömmar fylldes av bilder av ormar som slingrade sig runt hennes hals eller vilade under hennes säng. Läkarna fann inget medicinskt fel.

En dag erkände hennes mormor att Marisol som barn hade varit "tillägnad" en bergsande som var känd för att framstå som en orm. Det var en **"beskyddande ande"**, men det hade ett pris.

Under ett befrielsemöte började Marisol skrika våldsamt när händer lades på henne. Hon kände något röra sig i magen, upp i bröstet och sedan ut ur munnen som luft som stöts ut.

Efter det mötet upphörde andfåddheten. Hennes drömmar förändrades. Hon började leda bönemöten – just det som fienden en gång försökte strypa ur henne.

Tecken på att du kan vara påverkad av Pyton-andan

- Trötthet och tyngd när du försöker be eller tillbe
- Profetisk förvirring eller bedrägliga drömmar
- Ständiga känslor av att vara kvävd, blockerad eller bunden
- Depression eller förtvivlan utan tydlig orsak
- Förlust av andlig lust eller motivation

Handlingsplan – Att bryta sammandragningar

1. **Omvänd dig** från all ockult, psykisk eller förfäderlig inblandning.
2. **Förklara din kropp och ande som Guds ensamma.**
3. **Fasta och kriga** med hjälp av Jesaja 27:1 och Psalm 91:13.
4. **Smörj din hals, ditt bröst och dina fötter** – och gör anspråk på frihet att tala, andas och vandra i sanning.

Befrielseskrifter:

- Apostlagärningarna 16:16–18 – Paulus driver ut pytonanden
- Jesaja 27:1 – Gud straffar Leviathan, den flyende ormen
- Psalm 91 – Skydd och auktoritet
- Lukas 10:19 – Makt att trampa på ormar och skorpioner

GRUPPANSÖKAN

- Fråga: Vad kväver vårt böneliv – personligen och gemensamt?
- Led en gruppbön i andning – förkunna **Guds andedräkt** (Ruach) över varje medlem.
- Bryt varje falskt profetiskt inflytande eller ormliknande påtryckning i tillbedjan och förbön.

Verktyg för tjänst: Tillbedjan med flöjter eller andningsinstrument, symbolisk repklippning, bönesjalar för andningsfrihet.

Viktig insikt

Pytons ande kväver det som Gud vill ska föda. Den måste konfronteras för att återfå din andedräkt och djärvhet.

Reflektionsdagbok

- När kände jag mig senast helt fri i bön?
- Finns det tecken på andlig trötthet som jag har ignorerat?
- Har jag omedvetet accepterat "andliga råd" som orsakat mer förvirring?

Bön om befrielse

Fader, i Jesu namn bryter jag varje snärjande ande som är avsedd att kväva mitt syfte. Jag avsäger mig pytonormsanden och alla falska profetiska röster. Jag tar emot Din Andes andedräkt och förkunnar: Jag skall andas fritt, be frimodigt och vandra upprätt. Varje orm som slingrar sig runt mitt liv är avhuggen och utkastad. Jag tar emot befrielse nu. Amen.

DAG 23: OJÄTTENS TRONER — ATT RIVA NER TERRITORIELLA FÄRG

> *"Skall ogärningens tron, som genom lagen smider ondska, ha gemenskap med dig?"* – Psalm 94:20
> *"Vi strider inte mot kött och blod, utan mot... mörkrets härskare..."* – Efesierbrevet 6:12

Det finns osynliga **troner** – etablerade i städer, nationer, familjer och system – där demoniska makter **styr lagligt** genom förbund, lagstiftning, avgudadyrkan och långvarigt uppror.

Det här är inte slumpmässiga attacker. Det här är **tronbesatta auktoriteter**, djupt rotade i strukturer som vidmakthåller ondska över generationer.

Tills dessa troner är **andligt nedmonterade**, kommer mörkrets cykler att bestå – oavsett hur mycket bön som erbjuds på ytlig nivå.

Globala fästen och troner

- **Afrika** – Häxkonstens troner i kungliga blodslinjer och traditionella råd.
- **Europa** – Sekularismens, frimureriets och legaliserade uppors troner.
- **Asien** – Avgudadyrkans troner i förfäders tempel och politiska dynastier.
- **Latinamerika** – Narkoterrorns troner, dödskulter och korruption.
- **Nordamerika** – Perversionens, abortens och rasförtryckets troner.

Dessa troner påverkar beslut, undertrycker sanningen och **slukar öden**.

Vittnesmål: *En kommunfullmäktigeledamots befrielse*

I en stad i södra Afrika upptäckte en nyvald kristen fullmäktigeledamot att alla ämbetsinnehavare före honom antingen hade blivit galna, skilt sig eller dött plötsligt.

Efter dagar av bön uppenbarade Herren en **tron med blodsoffer** begravd under kommunbyggnaden. En lokal siare hade för länge sedan planterat amuletter som en del av ett territoriellt anspråk.

Rådsmedlemmen samlade förbönare, fastade och höll gudstjänst vid midnatt inne i rådssalen. Under tre nätter rapporterade personalen konstiga skrik i väggarna, och strömmen flimrade.

Inom en vecka började bekännelserna. Korrupta kontrakt avslöjades, och inom några månader förbättrades de offentliga tjänsterna. Tronen hade fallit.

Handlingsplan – Avtrona mörkret

1. **Identifiera tronen** – be Herren att visa dig territoriella fästen i din stad, ditt ämbete, din blodslinje eller din region.
2. **Omvänd dig för landets skull** (förbön i Daniels kapitel 9).
3. **Tillbe strategiskt** – troner faller sönder när Guds härlighet tar över (se 2 Krön. 20).
4. **Förkunna Jesu namn** som den enda sanne kungen över det domänen.

Ankare Skrifter:

- Psalm 94:20 – Orättfärdighetens troner
- Efesierbrevet 6:12 – Härskare och myndigheter
- Jesaja 28:6 – Rättvisans Ande för dem som tar upp striden
- 2 Kungaboken 23 – Josia förstör avgudadyrkande altaren och troner

GRUPPENGAGEMANG

- Genomför en "andlig karta"-session över ditt grannskap eller din stad.
- Fråga: Vilka är cyklerna av synd, smärta eller förtryck här?
- Utse "väktare" som ska be varje vecka vid viktiga portar: skolor, domstolar, marknader.
- Ledargruppen utfärdar påbud mot andliga härskare med hjälp av Psalm 149:5–9.

Verktyg: Shofarer, stadskartor, olivolja för markinvigning, bönevandringsguider.

Viktig insikt
Om du vill se förändring i din stad **måste du utmana tronen bakom systemet** – inte bara ansiktet framför det.

Reflektionsdagbok

- Finns det återkommande strider i min stad eller familj som känns större än jag?
- Har jag ärvt en strid mot en tron jag inte bestigit?
- Vilka "härskare" behöver avsättas i bön?

Krigets bön
O Herre, avslöja varje ondskans tron som härskar över mitt territorium. Jag förkunnar Jesu namn som den ende Konungen! Låt varje dolt altare, lag, pakt eller makt som framtvingar mörker spridas av eld. Jag tar min plats som en medlare. Genom Lammets blod och mitt vittnesbörds ord river jag ner troner och tronsätter Kristus över mitt hem, min stad och min nation. I Jesu namn. Amen.

DAG 24: SJÄLSFRAGMENT — NÄR DELAR AV DIG SAKNAS

"*Han ger min själ ny kraft...*" — Psalm 23:3
"*Jag skall läka dina sår, säger Herren, ty du kallas en fördriven...*"
— Jeremia 30:17

Trauma har en förmåga att krossa själen. Övergrepp. Avvisande. Svek. Plötslig rädsla. Långvarig sorg. Dessa upplevelser lämnar inte bara minnen – de **krossar din inre människa** .

Många människor går omkring och ser hela ut men lever med **saknade delar av sig själva** . Deras glädje är splittrad. Deras identitet är splittrad. De är fångade i emotionella tidszoner – en del av dem är fast i ett smärtsamt förflutet, medan kroppen fortsätter att åldras framåt.

Dessa är **själsfragment** – delar av ditt emotionella, psykologiska och andliga jag som är avbrutna på grund av trauma, demonisk inblandning eller häxmanipulation.

Tills dessa bitar är samlade, helade och återintegrerade genom Jesus, **förblir sann frihet svårfångad** .

Globala själsstöldmetoder

- **Afrika** – Häxdoktorer som fångar människors "essens" i burkar eller speglar.
- **Asien** – Själsfångstritualer av guruer eller tantriska utövare.
- **Latinamerika** – Shamansk själsdelning för kontroll eller förbannelser.
- **Europa** – Ockult spegelmagi som används för att spricka identitet eller stjäla tjänst.
- **Nordamerika** – Trauma från övergrepp, abort eller identitetsförvirring skapar ofta djupa sår i själen och fragmentering.

Berättelse: *Flickan som inte kunde känna*

Andrea, en 25-åring från Spanien, hade utstått flera års ofredande från en familjemedlem. Trots att hon hade tagit emot Jesus förblev hon känslomässigt avdomnad. Hon kunde inte gråta, älska eller känna empati.

En besökande präst ställde henne en konstig fråga: "Var har du lämnat din glädje?" När Andrea slöt ögonen mindes hon hur hon var nio år gammal, hopkrupen i en garderob och sa till sig själv: "Jag kommer aldrig att känna igen."

De bad tillsammans. Andrea förlät, avsägde sig sina inre löften och bjöd in Jesus i just det minnet. Hon grät okontrollerat för första gången på flera år. Den dagen **var hennes själ återställd** .

Handlingsplan – Själsåterhämtning och helande

1. Fråga den Helige Ande: *Var förlorade jag en del av mig själv?*
2. Förlåt alla inblandade i det ögonblicket och **avsäg dig inre löften** som "Jag kommer aldrig att lita på någon igen".
3. Bjud in Jesus i minnet och tala helande in i det ögonblicket.
4. Be: *"Herre, återupprätta min själ. Jag kallar varje del av mig att återvända och bli hel."*

Viktiga bibelverser:

- Psalm 23:3 – Han återupprättar själen
- Lukas 4:18 – Helande de förkrossade
- 1 Thessalonikerbrevet 5:23 – Ande, själ och kropp bevaras
- Jeremia 30:17 – Läkning för utstötta och sår

Gruppansökan

- Led medlemmar genom en guidad **inre helande bönesession** .
- Fråga: *Finns det stunder i ditt liv där du slutat lita på, känna eller drömma?*
- Rollspela "att återvända till det rummet" med Jesus och se honom läka såret.
- Låt betrodda ledare lägga händerna försiktigt på huvuden och förkunna själens återställelse.

Verktyg för gudstjänst: Gudstjänstmusik, mjuk belysning, näsdukar, dagbokuppmaningar.

Viktig insikt

Befrielse handlar inte bara om att driva ut demoner. Det handlar om **att samla ihop de trasiga bitarna och återställa identiteten**.

Reflektionsdagbok

- Vilka traumatiska händelser styr fortfarande hur jag tänker eller känner idag?
- Har jag någonsin sagt "Jag kommer aldrig att älska igen" eller "Jag kan inte lita på någon längre"?
- Hur ser "helhet" ut för mig – och är jag redo för det?

BÖN OM ÅTERSTÄLLELSE

Jesus, Du är min själs herde. Jag leder Dig till varje plats där jag har blivit krossad – av rädsla, skam, smärta eller svek. Jag bryter varje inre löfte och förbannelse som uttalats i trauma. Jag förlåter dem som sårade mig. Nu kallar jag varje del av min själ att återvända. Återställ mig helt och hållet – ande, själ och kropp. Jag är inte bruten för alltid. Jag är hel i Dig. I Jesu namn. Amen.

DAG 25: FRÄMMANDE BARNS FÖRBANNELSE — NÄR ÖDEN BYTS VID FÖDELSEN

"*Deras barn är främmande barn; nu skall en månad förtära dem med deras andelar.*" — Hosea 5:7

"*Innan jag formade dig i moderlivet kände jag dig...*" — Jeremia 1:5

Inte alla barn som föds in i ett hem var menade för det hemmet.

Inte alla barn som bär på ditt DNA bär på ditt arv.

Fienden har länge använt **födelsen som ett slagfält** – utbytt öden, planterat falska avkommor, inlett mörka förbund med spädbarn och manipulerat livmodrar innan befruktningen ens börjar.

Detta är inte bara en fysisk fråga. Det är **en andlig transaktion** – som involverar altaren, offer och demoniska lagar.

Vad är konstiga barn?

"Konstiga barn" är:

- Barn födda genom ockult dedikation, ritualer eller sexuella förbund.
- Avkomma byts vid födseln (antingen andligt eller fysiskt).
- Barn som bär med sig mörka uppdrag in i en familj eller släktlinje.
- Själar fångade i livmodern via häxkonst, nekromanti eller generationsaltare.

Många barn växer upp i uppror, beroende, hat mot föräldrar eller sig själva – inte bara på grund av dåligt föräldraskap utan på grund av **vem som gjorde anspråk på dem andligt vid födseln**.

GLOBALA UTTRYCK

- **Afrika** – Andliga utbyten på sjukhus, förorening av livmodern genom marina andar eller rituellt sex.
- **Indien** – Barn initieras i tempel eller karmabaserade öden före födseln.
- **Haiti och Latinamerika** – Santeria-invigningar, barn som avlas på altare eller efter besvärjelser.
- **Västerländska nationer** – IVF och surrogatmödraskap är ibland kopplade till ockulta kontrakt eller donatorlinjer; aborter som lämnar andliga dörrar öppna.
- **Ursprungskulturer världen över** – Namngivningsceremonier för ande eller totemiska identitetsöverföringar.

Berättelse: *Barnet med fel ande*

Clara, en sjuksköterska från Uganda, berättade om hur en kvinna tog med sig sitt nyfödda barn till ett bönemöte. Barnet skrek konstant, struntade i mjölk och reagerade våldsamt på bön.

Ett profetiskt ord avslöjade att barnet hade blivit "utbytt" i anden vid födseln. Modern erkände att en häxdoktor hade bett över hennes mage medan hon var desperat efter ett barn.

Genom omvändelse och intensiva böner om befrielse blev barnet slappt, sedan fridfullt. Barnet blomstrade senare – och visade tecken på återställd frid och utveckling.

Inte alla åkommor hos barn är naturliga. En del är **tillskrivna från befruktningen**.

Handlingsplan – Återta livmoderns öde

1. Om du är förälder, **ägna ditt barn på nytt åt Jesus Kristus**.
2. Avsäg dig alla förbannelser, dedikationer eller förbund under fostertiden – även omedvetet ingångna av förfäder.
3. Tala direkt till ditt barns ande i bön: *"Du tillhör Gud. Ditt öde är återställt."*
4. Om du är barnlös, be över din livmoder och avvisa alla former av andlig manipulation eller manipulering.

Viktiga bibelverser:

- Hosea 9:11–16 – Dom över främmande säd
- Jesaja 49:25 – Kämpa för dina barn
- Lukas 1:41 – Andenfyllda barn från livmodern
- Psalm 139:13–16 – Guds avsiktliga plan i livmodern

Gruppengagemang

- Be föräldrarna ta med namn eller foton på sina barn.
- Förkunna över varje namn: "Ert barns identitet är återställd. Varje främmande hand är avhuggen."
- Be för andlig rening av livmodern för alla kvinnor (och män som andliga bärare av säd).
- Använd nattvarden för att symbolisera återtagandet av blodslinjens öde.

Verktyg för tjänsten: Nattvard, smörjelseolja, tryckta namn eller babyartiklar (valfritt).

Viktig insikt

Satan riktar in sig på livmodern eftersom **det är där profeter, krigare och öden formas**. Men varje barn kan återfås genom Kristus.

Reflektionsdagbok

- Har jag någonsin haft konstiga drömmar under graviditeten eller efter förlossningen?
- Kämpar mina barn på sätt som verkar onaturliga?
- Är jag redo att konfrontera de andliga orsakerna till generationsuppror eller förseningar?

Återhämtningens bön

Fader, jag för min livmoder, min säd och mina barn till Ditt altare. Jag ångrar alla dörrar – kända eller okända – som gav fienden tillträde. Jag bryter varje förbannelse, hängivenhet och demoniskt uppdrag knutet till mina barn. Jag talar över dem: Ni är heliga, utvalda och beseglade för Guds ära. Ert öde är återlöst. I Jesu namn. Amen.

DAG 26: DOLDA MAKTALTAR — ATT BRYTA SIG FRI FRÅN ELITENS OCKULTISKA FÖRBUND

"*Åter tog djävulen honom med sig upp på ett mycket högt berg och visade honom alla världens riken och deras härlighet. Han sade: 'Allt detta skall jag ge dig, om du faller ner och tillber mig.'*" — Matteus 4:8–9

Många tror att satanisk makt bara finns i ritualer bakom kulisserna eller mörka byar. Men några av de farligaste förbunden är dolda bakom polerade kostymer, elitklubbar och inflytande från flera generationer.

Dessa är **maktens altare** – formade av blodseder, initieringar, hemliga symboler och uttalade löften som binder individer, familjer och till och med hela nationer till Lucifers herravälde. Från frimureriet till kabbalistiska riter, från österländska stjärninitieringar till forntida egyptiska och babyloniska mysterieskolor – de lovar upplysning men ger slaveri.

Globala förbindelser

- **Europa och Nordamerika** – Frimureriet, Rosenkreuzerorden, Gyllene Gryningsorden, Skull & Bones, Böhmisk lund, Kabbalainitieringar.
- **Afrika** – Politiska blodspakter, förfädernas andars uppgörelser om styre, häxallianser på hög nivå.
- **Asien** – Upplysta samhällen, drakandespakter, blodslinjedynastier knutna till forntida trolldom.
- **Latinamerika** – Politisk santeria, kartellkopplat rituellt skydd, pakter för framgång och immunitet.
- **Mellanöstern** – forntida babyloniska, assyriska riter som fördes vidare under religiös eller kunglig skepnad.

Vittnesmål – En frimurares barnbarn finner frihet

Carlos, som växte upp i en inflytelserik familj i Argentina, visste aldrig att hans farfar hade uppnått frimurarordens 33:e grad. Märkliga manifestationer hade plågat hans liv – sömnparalys, relationssabotage och en ständig oförmåga att göra framsteg, oavsett hur mycket han försökte.

Efter att ha deltagit i en befrielseundervisning som avslöjade ockulta kopplingar inom eliten, konfronterade han sin familjehistoria och fann frimurarregalier och gömda dagböcker. Under en midnattsfasta avsägde han sig alla blodsförbund och förklarade frihet i Kristus. Samma vecka fick han det genombrott i arbetet han hade väntat på i åratal.

Högnivåaltare skapar motstånd på hög nivå – men **Jesu blod** talar högre än någon ed eller ritual.

Handlingsplan – Avslöjar den dolda stugan

1. **Undersök**: Finns det frimurariska, esoteriska eller hemliga anknytningar i din blodslinje?
2. **Avsäg dig** alla kända och okända förbund med hjälp av uttalanden baserade på Matteus 10:26–28.
3. **Bränn eller ta bort** alla ockulta symboler: pyramider, allseende ögon, kompasser, obelisker, ringar eller kläder.
4. **Be högt**:

"Jag bryter varje dold överenskommelse med hemliga sällskap, ljuskulter och falska brödraskap. Jag tjänar endast Herren Jesus Kristus."

Gruppansökan

- Låt medlemmarna skriva ner alla kända eller misstänkta kopplingar till elitockulta områden.
- Led en **symbolisk handling att klippa band** – riva papper, bränna bilder eller smörja in sina pannor som ett separationssigill.
- Använd **Psalm 2** för att förkunna brytandet av nationella och familjära konspirationer mot Herrens smorde.

Viktig insikt

Satans största grepp är ofta förklätt i hemlighet och prestige. Sann frihet börjar när du avslöjar, avsäger dig och ersätter dessa altaren med dyrkan och sanning.

Reflektionsdagbok

- Har jag ärvt rikedom, makt eller möjligheter som känns andligt "fel"?
- Finns det hemliga kopplingar i mina anor som jag har ignorerat?
- Vad kommer det att kosta mig att avskilja ogudaktiga tillgång till makten – och är jag villig?

Bön om befrielse

Fader, jag kommer ut ur varje dold loge, altare och överenskommelse – i mitt namn eller å min blodslinjes vägnar. Jag avskär varje själsband, varje blodsband och varje ed som avlagts medvetet eller omedvetet. Jesus, Du är mitt enda Ljus, min enda Sanning och mitt enda skydd. Låt Din eld förtära varje ogudaktig länk till makt, inflytande eller bedrägeri. Jag mottager total frihet, i Jesu namn. Amen.

DAG 27: OHELIGA ALLIANSER — FRIMURARIET, ILLUMINATI OCH ANDLIG INFILTRATION

"*Ha inget att göra med mörkrets fruktlösa gärningar, utan avslöja dem hellre.*" – Efesierbrevet 5:11

"*Ni kan inte dricka Herrens bägare och demonernas bägare också.*" – 1 Korintierbrevet 10:21

Det finns hemliga sällskap och globala nätverk som presenterar sig som ofarliga broderliga organisationer – som erbjuder välgörenhet, kontakt eller upplysning. Men bakom kulisserna finns djupare eder, blodsritualer, själsband och lager av luciferiansk doktrin höljd i "ljus".

Frimureriet, Illuminati, Eastern Star, Skull and Bones och deras systerkår är inte bara sociala klubbar. De är trohetsaltare – vissa med anor från århundraden tillbaka – utformade för att andligt infiltrera familjer, regeringar och till och med kyrkor.

Globalt fotavtryck

- **Nordamerika och Europa** – frimurartempel, skotska ritloger, Yales Skull & Bones.
- **Afrika** – Politiska och kungliga initieringar med frimurarriter, blodspakter för skydd eller makt.
- **Asien** – Kabbalaskolor maskerade som mystisk upplysning, hemliga klosterriter.
- **Latinamerika** – Dolda elitordnar, Santeria sammansmälte med elitinflytande och blodspakter.
- **Mellanöstern** – Forntida babyloniska hemliga sällskap knutna till maktstrukturer och dyrkan av falskt ljus.

DESSA NÄTVERK OFTA:

- Kräv blod eller muntliga eder.
- Använd ockulta symboler (kompasser, pyramider, ögon).
- Genomföra ceremonier för att åkalla eller ägna sin själ åt en orden.
- Ge inflytande eller rikedom i utbyte mot andlig kontroll.

Vittnesmål – En biskops bekännelse

En biskop i Östafrika erkände inför sin kyrka att han en gång hade gått med i frimureriet på låg nivå under universitetet – helt enkelt för "kontakter". Men när han steg i graderna började han se märkliga krav: en tystnadsed, ceremonier med ögonbindlar och symboler, och ett "ljus" som gjorde hans böneliv kallt. Han slutade drömma. Han kunde inte läsa Skriften.

Efter att ha ångrat sig och offentligt fördömt varje rangordning och löfte, lättade den andliga dimman. Idag predikar han Kristus frimodigt och avslöjar vad han en gång deltog i. Kedjorna var osynliga – tills de bröts.

Handlingsplan – Att bryta frimureriet och det hemliga sällskapets inflytande

1. **Identifiera** eventuella personliga eller familjära engagemang i frimureriet, rosenkreuzeriet, kabbala, dödskalle och ben eller liknande hemliga ordnar.
2. **Avsäg dig varje nivå eller grad av initiering**, från 1:a till 33:e eller högre, inklusive alla ritualer, tecken och eder. (Du kan hitta guidade avsägelser för befrielse online.)
3. **Be med auktoritet**:

"Jag bryter varje själsband, blodsförbund och ed som avlagts till hemliga sällskap – av mig eller å mina vägnar. Jag återkräver min själ för Jesus Kristus!"

1. **Förstör symboliska föremål**: regalier, böcker, certifikat, ringar eller inramade bilder.
2. **Förklara** frihet med hjälp av:
    - *Galaterbrevet 5:1*

- Psalm 2:1–6
- Jesaja 28:15–18

Gruppansökan

- Låt gruppen sluta ögonen och be den Helige Ande att avslöja eventuella hemliga tillhörigheter eller familjeband.
- Företagsavsägelse: gå igenom en bön för att fördöma varje känd eller okänd koppling till elitordnar.
- Använd nattvarden för att försegla brytningen och återanpassa förbunden till Kristus.
- Smörj huvuden och händer — återställ sinnets klarhet och heliga gärningar.

Viktig insikt

Det som världen kallar "elit" kan Gud kalla en styggelse. Inte allt inflytande är heligt – och inte allt ljus är ljus. Det finns inget sådant som harmlös hemlighetsmakeri när det involverar andliga eder.

Reflektionsdagbok

- Har jag varit en del av, eller varit nyfiken på, hemliga ordnar eller mystiska upplysningsgrupper?
- Finns det tecken på andlig blindhet, stagnation eller kyla i min tro?
- Behöver jag möta familjens engagemang med mod och värdighet?

Frihetens bön

Herre Jesus, jag kommer inför Dig som det enda sanna Ljuset. Jag avsäger mig varje band, varje ed, varje falskt ljus och varje dold orden som gör anspråk på mig. Jag avskär frimureriet, hemliga sällskap, forntida brödraskap och varje andligt band kopplat till mörkret. Jag förkunnar att jag är under Jesu blod allena – beseglad, befriad och fri. Låt Din Ande bränna bort alla rester av dessa förbund. I Jesu namn, amen.

DAG 28: KABBALAH, ENERGINÄT OCH LOCKET AV MYSTISKT "LJUS"

"Ty Satan själv utger sig för att vara en ljusets ängel." – 2 Korinthierbrevet 11:14
"Ljuset i dig är mörker – hur djupt är inte mörkret!" – Lukas 11:35

I en tid besatt av andlig upplysning dyker många omedvetet ner i forntida kabbalistiska metoder, energihealing och mystiska ljusläror med rötter i ockulta läror. Dessa läror maskerar sig ofta som "kristen mysticism", "judisk visdom" eller "vetenskapsbaserad andlighet" – men de härstammar från Babylon, inte Sion.

Kabbala är inte bara ett judiskt filosofiskt system; det är en andlig matris byggd på hemliga koder, gudomliga utstrålningar (Sefirot) och esoteriska vägar. Det är samma förföriska bedrägeri som ligger bakom tarot, numerologi, zodiakportaler och New Age-nät.

Många kändisar, influencers och affärsmoguler bär röda strängar, mediterar med kristallenergi eller följer Zohar utan att veta att de deltar i ett osynligt system av andlig fängelse.

Globala förvecklingar

- **Nordamerika** – Kabbalahcenter förklädda till wellnessutrymmen; guidade energimeditationer.
- **Europa** – Druidisk kabbala och esoterisk kristendom undervisades i hemliga ordnar.
- **Afrika** – Välståndskulter som blandar skrifter med numerologi och energiportaler.
- **Asien** – Chakrahealing omdöpt till "ljusaktivering" i linje med universella koder.
- **Latinamerika** – Helgon blandade med kabbalistiska ärkeänglar inom mystisk katolicism.

Detta är förförelsen av falskt ljus – där kunskap blir en gud och upplysningen blir ett fängelse.

Verkliga vittnesmål – Att fly från "ljusfällan"

Marisol, en sydamerikansk affärscoach, trodde att hon hade upptäckt sann visdom genom numerologi och "gudomligt energiflöde" från en kabbalistisk mentor. Hennes drömmar blev levande, hennes visioner skarpa. Men hennes frid? Borta. Hennes relationer? Kollapsade.

Hon plågades av skuggiga varelser i sömnen, trots sina dagliga "ljusböner". En vän skickade henne ett videovittnesbörd om en före detta mystiker som mött Jesus. Den natten ropade Marisol på Jesus. Hon såg ett bländande vitt ljus – inte mystiskt, utan rent. Friden återvände. Hon förstörde sitt material och påbörjade sin befrielseresa. Idag driver hon en Kristuscentrerad mentorplattform för kvinnor som är fångade i andlig bedrägeri.

Handlingsplan – Avstå från falsk belysning

1. **Granska** din exponering: Har du läst mystiska böcker, utövat energihealing, följt horoskop eller burit röda snören?
2. **Omvänd dig** för att du sökt ljus utanför Kristus.
3. **Bryt banden** med:
    - Kabbala/Zohar-läror
    - Energimedicin eller ljusaktivering
    - Ängelåkallan eller namnavkodning
    - Helig geometri, numerologi eller "koder"
4. **Be högt** :

"Jesus, du är världens ljus. Jag avsäger mig allt falskt ljus, varje ockult lära och varje mystisk fälla. Jag återvänder till dig som min enda sanningskälla!"

1. **Skriftställen att förkunna** :
    - Johannes 8:12
    - Femte Moseboken 18:10–12
    - Jesaja 2:6
    - 2 Korinthierbrevet 11:13–15

Gruppansökan

- Fråga: Har du (eller din familj) någonsin deltagit i eller blivit exponerad för New Age, numerologi, kabbala eller mystiska "ljus"-läror?
- Gruppens avsägelse av falskt ljus och återhängivenhet till Jesus som det enda Ljuset.
- Använd salt- och ljusbilder – ge varje deltagare en nypa salt och ett ljus för att förkunna: "Jag är salt och ljus i Kristus allena."

Viktig insikt

Inte allt ljus är heligt. Det som lyser upp utanför Kristus kommer så småningom att förtära.

Reflektionsdagbok

- Har jag sökt kunskap, kraft eller helande utanför Guds ord?
- Vilka andliga verktyg eller läror behöver jag bli av med?
- Finns det någon jag har introducerat till New Age eller "ljus"-metoder som jag nu behöver vägleda tillbaka?

Bön om befrielse

Fader, jag kommer ut ur samförstånd med varje ande av falskt ljus, mysticism och hemlig kunskap. Jag avsäger mig kabbala, numerologi, helig geometri och varje mörk kod som utger sig för att vara ljus. Jag förkunnar att Jesus är mitt livs ljus. Jag går bort från bedrägeriets väg och träder in i sanningen. Rena mig med Din eld och fyll mig med den Helige Ande. I Jesu namn. Amen.

DAG 29: ILLUMINATIS SLÖJA — AVSLÖJANDE AV DE ELIT-OCKULTA NÄTVERKEN

"*Jordens kungar ställer sig upp, och furstarna samlas mot Herren och mot hans Smorde.*" – Psalm 2:2
"*Ingenting är dolt som inte skall uppenbaras, och ingenting är fördolt som inte skall komma fram i ljuset.*" – Lukas 8:17

Det finns en värld inom vår värld. Dold i det öppna.

Från Hollywood till finansvärlden, från politiska korridorer till musikkirker, styr ett nätverk av mörka allianser och andliga kontrakt de system som formar kultur, tanke och makt. Det är mer än konspiration – det är ett uråldrigt uppror ompaketerat för den moderna scenen.

Illuminati är i grunden inte bara ett hemligt sällskap – det är en luciferiansk agenda. En andlig pyramid där de i toppen svär trohet genom blod, ritualer och själsutbyte, ofta insvept i symboler, mode och popkultur för att betinga massorna.

Det här handlar inte om paranoia. Det handlar om medvetenhet.

VERKLIG HISTORIA – En resa från berömmelse till tro

Marcus var en framväxande musikproducent i USA. När hans tredje stora hit nådde listorna introducerades han till en exklusiv klubb – mäktiga män och kvinnor, andliga "mentorer", kontrakt dränkta i hemlighetsmakeri. Till en början verkade det som elitmentorskap. Sedan kom "invokationssessionerna" – mörka rum, röda lampor, ramsor och spegelritualer. Han började uppleva utomkroppsliga resor, röster som viskade sånger till honom på natten.

En natt, under påverkan och plåga, försökte han ta sitt liv. Men Jesus ingrep. En bedjande mormors förbön bröt igenom. Han flydde, tog avstånd från systemet och påbörjade en lång befrielseresa. Idag blottar han branschens mörker genom musik som vittnar om ljuset.

DOLDA KONTROLLSYSTEM

- **Blodsoffer och sexuella ritualer** – Initiering till makt kräver utbyte: kropp, blod eller oskuld.
- **Tankeprogrammering (MK Ultra-mönster)** – Används inom media, musik och politik för att skapa splittrade identiteter och hanterare.
- **Symbolik** – Pyramidiogon, fågelfenixer, schackrutiga golv, ugglor och inverterade stjärnor – portar till trohet.
- **Luciferiansk lära** – "Gör vad du vill", "Bli din egen gud", " Ljusbärarens upplysning".

Handlingsplan – Att bryta sig loss från Elite Webs

1. **Omvänd dig** för att du deltar i något system kopplat till ockult egenmakt, även omedvetet (musik, media, kontrakt).
2. **Avsäg dig** berömmelse till varje pris, dolda förbund eller fascination för elitlivsstilar.
3. **Be över** varje kontrakt, varumärke eller nätverk du är en del av. Be den Helige Ande att avslöja dolda band.
4. **Förkunna högt** :

"Jag förkastar varje system, ed och symbol för mörkret. Jag tillhör Ljusets rike. Min själ är inte till salu!"

1. **Ankare Skrifter** :
    - Jesaja 28:15–18 – Förbundet med döden skall inte bestå
    - Psalm 2 – Gud skrattar åt onda konspirationer
    - 1 Korintierbrevet 2:6–8 – Denna tidsålders härskare förstår inte Guds visdom

GRUPPANSÖKAN

- Led gruppen i en **symbolrensningssession** – ta med bilder eller logotyper som deltagarna har frågor om.
- Uppmuntra folk att dela med sig av var de har sett Illuminati-skyltar i popkulturen och hur det format deras åsikter.
- Uppmana deltagarna att **återigen engagera sitt inflytande** (musik, mode, media) i Kristi syfte.

Viktig insikt
Det mäktigaste bedrägeriet är det som gömmer sig i glamour. Men när masken tas bort brister kedjorna.

Reflektionsdagbok

- Dras jag till symboler eller rörelser som jag inte helt förstår?
- Har jag avgett löften eller överenskommelser i jakten på inflytande eller berömmelse?
- Vilken del av min gåva eller plattform behöver jag återigen överlämna till Gud?

Frihetens bön
Fader, jag förkastar varje dold struktur, ed och inflytande från Illuminati och elitens ockulta värld. Jag avstår från berömmelse utan Dig, makt utan syfte och kunskap utan den Helige Ande. Jag upphäver varje blods- eller ordförbund som någonsin ingåtts över mig, medvetet eller omedvetet. Jesus, jag tronar Dig som Herre över mitt sinne, mina gåvor och mitt öde. Avslöja och förstör varje osynlig kedja. I Ditt namn uppstår jag och jag vandrar i ljuset. Amen.

DAG 30: MYSTERIESKOLAN — FORNTIDA HEMLIGHETER, MODERNA BONDAGERNA

"*Deras strupar är öppna gravar, deras tungor bedrar. Huggormsgift är på deras läppar.*" — Romarbrevet 3:13

"*Kalla inte allt som detta folk kallar en sammansvärjning för en konspiration, frukta inte det de frukta... Herren, den Allsmäktige, skall ni hålla helig...*" — Jesaja 8:12–13

Långt före Illuminati fanns de forntida mysterieskolorna – Egypten, Babylon, Grekland, Persien – som inte bara var utformade för att förmedla "kunskap", utan också för att väcka övernaturlig kraft genom mörka ritualer. Idag återuppstår dessa skolor på elituniversitet, andliga retreater, "medvetenhetsläger", till och med genom onlinekurser maskerade som personlig utveckling eller medvetandeuppvaknande av högre ordning.

Från kabbalakretsar till teosofi, hermetiska ordnar och rosenkreucismen – målet är detsamma: "att bli som gudar", att väcka latent kraft utan att överlämna sig till Gud. Dolda sånger, helig geometri, astral projektion, upplåsning av tallkottkörteln och ceremoniella ritualer försätter många i andlig fångenskap under täckmantel av "ljus".

Men varje "ljus" som inte är rotat i Jesus är ett falskt ljus. Och varje dold ed måste brytas.

Verklig historia – Från skicklig till övergiven

Sandra*, en sydafrikansk wellnesscoach, initierades i en egyptisk mysterieorden genom ett mentorskapsprogram. Utbildningen inkluderade chakrajusteringar, solmeditationer, månritualer och forntida visdomsrullar. Hon började uppleva "nedladdningar" och "uppstigningar", men snart övergick dessa i panikattacker, sömnparalys och självmordsattacker.

När en befrielsepastor avslöjade källan insåg Sandra att hennes själ var bunden genom löften och andliga kontrakt. Att avsäga sig orden innebar att hon förlorade inkomst och kontakter – men hon fick sin frihet. Idag driver hon ett helandecenter med Kristus i centrum och varnar andra för New Age-bedrägerier.

Vanliga trådar i mysterieskolor idag

- **Kabbalahcirklar** – judisk mysticism blandad med numerologi, ängladyrkan och astralplan.
- **Hermetism** – läran "Som ovan, så nedan"; ger själen kraft att manipulera verkligheten.
- **Rosenkreuzare** – Hemliga ordnar knutna till alkemisk transformation och andeuppstigning.
- **Frimureriet och esoteriska broderskap** – Skiktad progression in i dolt ljus; varje grad bunden av eder och ritualer.
- **Andliga retreater** – Psykedeliska "upplysnings"-ceremonier med shamaner eller "guider".

Handlingsplan – Bryta uråldriga ok

1. **Avsäg dig** alla förbund som ingåtts genom initieringar, kurser eller andliga kontrakt utanför Kristus.
2. **Avbryt** kraften i varje "ljus"- eller "energi"-källa som inte är rotad i den Helige Ande.
3. **Rena** ditt hem från symboler: ankhs, Horus öga, helig geometri, altaren, rökelse, statyer eller rituella böcker.
4. **Förkunna högt :**

"Jag avvisar varje forntida och modern väg till falskt ljus. Jag underkastar mig Jesus Kristus, det sanna Ljuset. Varje hemlig ed bryts av Hans blod."

ANKARE SKRIFTER

- Kolosserbrevet 2:8 – Ingen tom och bedräglig filosofi

- Johannes 1:4–5 – Det sanna ljuset lyser i mörkret
- 1 Korinthierbrevet 1:19–20 – Gud förgör de visas visdom

GRUPPANSÖKAN

- Håll en symbolisk kväll för "skriftrullsbränning" (Apostlagärningarna 19:19) – där gruppmedlemmarna tar med sig och förstör alla ockulta böcker, smycken och föremål.
- Be över människor som har "laddat ner" konstig kunskap eller öppnat tredje ögats chakran genom meditation.
- Led deltagarna genom en bön om **"ljusöverföring"** – där de ber den Helige Ande att ta över varje område som tidigare överlämnats till ockult ljus.

VIKTIG INSIKT

Gud döljer inte sanningen i gåtor och ritualer – Han uppenbarar den genom sin Son. Se upp för "ljus" som drar dig in i mörkret.

REFLEKTIONSDAGBOK

- Har jag gått med i någon online- eller fysisk skola som utlovar uråldrig visdom, aktivering eller mystiska krafter?
- Finns det böcker, symboler eller ritualer som jag en gång trodde var ofarliga men nu känner mig övertygad om?
- Var har jag sökt andlig upplevelse mer än relation med Gud?

Bön om befrielse

Herre Jesus, Du är Vägen, Sanningen och Ljuset. Jag ångrar varje väg jag tog som kringgått Ditt Ord. Jag avsäger mig alla mysterieskolor, hemliga ordnar, eder och initieringar. Jag bryter själsband med alla guider, lärare, andar och system som är rotade i uråldrigt bedrägeri. Låt Ditt ljus lysa i varje dold plats i mitt hjärta och fyll mig med Din Andes sanning. I Jesu namn vandrar jag fri. Amen.

DAG 31: KABBALAH, HELLIG GEOMETRI OCH ELIT LJUSBEDRÄGERI

"*Ty Satan själv förvandlar sig till en ljusets ängel.*" – 2 Korinthierbrevet 11:14

"*Det fördolda tillhör Herren, vår Gud, men det uppenbarat tillhör oss...*" – 5 Mosebok 29:29

I vår strävan efter andlig kunskap ligger en fara – lockelsen av "dold visdom" som lovar kraft, ljus och gudomlighet utan Kristus. Från kändiskretsar till hemliga loger, från konst till arkitektur, väver ett mönster av bedrägeri sig över världen och drar sökare in i den esoteriska väven av **kabbala**, **helig geometri** och **mysterieläror**.

Det här är inte ofarliga intellektuella utforskningar. De är ingångar till andliga förbund med fallna änglar som utger sig för att vara ljus.

GLOBALA MANIFESTATIONER

- **Hollywood och musikindustrin** – Många kändisar bär öppet kabbalaarmband eller tatuerar heliga symboler (som Livets träd) som kan spåras tillbaka till ockult judisk mysticism.
- **Mode och arkitektur** – Frimurarmönster och heliga geometriska mönster (Livets blomma, hexagram, Horus öga) är inbäddade i kläder, byggnader och digital konst.
- **Mellanöstern och Europa** – Kabbalah-studiecenter frodas bland eliter och blandar ofta mysticism med numerologi, astrologi och änglaåkallan.

- **Online- och New Age-cirklar världen över** – YouTube, TikTok och poddar normaliserar "ljuskoder", "energiportaler", "3–6–9-vibrationer" och "gudomlig matris"-läror baserade på helig geometri och kabbalistiska ramverk.

Verklig historia — När ljus blir en lögn

Jana, en 27-årig kvinna från Sverige, började utforska kabbala efter att ha följt sin favoritsångerska som gav den äran för hennes "kreativa uppvaknande". Hon köpte det röda snöret, började meditera med geometriska mandalas och studerade änglanamn från forntida hebreiska texter.

Saker och ting började förändras. Hennes drömmar blev konstiga. Hon kände varelser bredvid sig i sömnen, som viskade visdom – och sedan krävde blod. Skuggor följde henne, men hon längtade efter mer ljus.

Så småningom snubblade hon över en befrielsevideo online och insåg att hennes plåga inte var andlig uppstigning, utan andlig bedrägeri. Efter sex månader av befrielsesessioner, fasta och att bränna alla kabbalistiska föremål i sitt hus, började friden återvända. Hon varnar nu andra genom sin blogg: "Det falska ljuset höll nästan på att förstöra mig."

ATT URSKILJA VÄGEN

Kabbala, även om den ibland är klädd i religiösa kläder, förkastar Jesus Kristus som den enda vägen till Gud. Den upphöjer ofta det **"gudomliga jaget"**, främjar **kanalisering** och **uppstigning till livets träd** och använder **matematisk mysticism** för att åkalla kraft. Dessa metoder öppnar **andliga portar** – inte till himlen, utan till entiteter som utger sig för att vara ljusbärare.

Många kabbalistiska läror överlappar:

- Frimureri
- Rosenkreuzismen
- Gnosticism
- Luciferianska upplysningskulter

Den gemensamma nämnaren? Strävan efter gudomlighet utan Kristus.
Handlingsplan – Avslöja och avvisa falskt ljus

1. **Omvänd dig** från varje engagemang med kabbala, numerologi, helig geometri eller "mysterieskolans" läror.
2. **Förstör föremål** i ditt hem som är kopplade till dessa sedvänjor – mandalas, altaren, kabbalatexter, kristallnät, smycken med heliga symboler.
3. **Avstå från andar av falskt ljus** (t.ex. Metatron, Raziel, Shekinah i mystisk form) och befall varje falsk ängel att lämna.
4. **Fördjupa dig** i Kristi enkelhet och tillräcklighet (2 Korinthierbrevet 11:3).
5. **Fasta och smörj** dig själv — ögon, panna, händer — och avsäg dig all falsk visdom och förklara din trohet till Gud allena.

Gruppansökan

- Dela alla möten med "ljusläror", numerologi, kabbalamedia eller heliga symboler.
- Lista som grupp fraser eller övertygelser som låter "andliga" men motsätter sig Kristus (t.ex. "Jag är gudomlig", "universum försörjer", "Kristusmedvetande").
- Smörj varje person med olja medan du förkunnar Johannes 8:12 — *"Jesus är världens ljus."*
- Bränn eller släng allt material eller föremål som hänvisar till helig geometri, mysticism eller "gudomliga koder".

VIKTIG INSIKT

Satan kommer inte först som förgöraren. Han kommer ofta som upplysaren – och erbjuder hemlig kunskap och falskt ljus. Men det ljuset leder bara till djupare mörker.

Reflektionsdagbok

- Har jag öppnat min ande för något "andligt ljus" som har kringgått Kristus?
- Finns det symboler, fraser eller föremål som jag trodde var ofarliga men nu känner igen som portaler?
- Har jag satt personlig visdom framför biblisk sanning?

Bön om befrielse

Fader, jag avsäger mig allt falskt ljus, mystisk lära och hemlig kunskap som har snärjt min själ. Jag bekänner att endast Jesus Kristus är världens sanna ljus. Jag förkastar kabbala, helig geometri, numerologi och alla demonläror. Låt varje falsk ande nu ryckas upp med rötterna ur mitt liv. Rena mina ögon, mina tankar, min fantasi och min ande. Jag är din allena – ande, själ och kropp. I Jesu namn. Amen.

DAG 3 2: ORMANDEN INOM DIG — NÄR BEFRIELSEN KOMMER FÖR SENT

"*De har ögon fulla av äktenskapsbrott... de förleder obeständiga själar... de har följt Bileams väg... åt vilken mörkrets mörker är förvarat för evigt.*"
— 2 Petrusbrevet 2:14–17

"*Låt er inte bedragas. Gud kan inte hånas. Vad en människa sår får hon skörda.*" — Galaterbrevet 6:7

Det finns en demonisk förfalskning som paraderar som upplysning. Den helar, ger energi, ger kraft – men bara för en tid. Den viskar gudomliga mysterier, öppnar ditt "tredje öga", släpper lös kraft i ryggraden – och **förslavar dig sedan i plåga**.

Det är **Kundalini**.

Ormanden. **Den falska** " heliga

anden" i New Age.

När den väl aktiverats – genom yoga, meditation, psykedelika, trauma eller ockulta ritualer – slingrar sig denna kraft vid ryggraden och stiger upp som eld genom chakrana. Många tror att det är ett andligt uppvaknande. I själva verket är det **demonisk besättning** förklädd till gudomlig energi.

Men vad händer när det **inte försvinner**?

Verklig historia – "Jag kan inte stänga av den"

Marissa, en ung kristen kvinna i Kanada, hade sysslat med "kristen yoga" innan hon gav sitt liv till Kristus. Hon älskade de fridfulla känslorna, vibrationerna, ljusvisionerna. Men efter en intensiv session där hon kände sin ryggrad "antända", tappade hon fattningen – och vaknade upp utan att kunna andas. Den natten började något **plåga hennes sömn**, vred hennes kropp, framstod som "Jesus" i hennes drömmar – men hånade henne.

Hon blev **befriad** fem gånger. Andarna lämnade – men återvände. Hennes ryggrad vibrerade fortfarande. Hennes ögon såg ständigt in i andevärlden.

Hennes kropp rörde sig ofrivilligt. Trots frälsningen vandrade hon nu genom ett helvete som få kristna förstod. Hennes ande var räddad – men hennes själ var **kränkt, sprucken upp och fragmenterad**.

Efterdyningarna ingen pratar om

- **Tredje ögon förblir öppna** : Ständiga visioner, hallucinationer, andligt brus, "änglar" som ljuger.
- **Kroppen slutar inte vibrera** : Okontrollerbar energi, tryck i skallen, hjärtklappning.
- **Obeveklig plåga** : Även efter 10+ befrielsesessioner.
- **Isolering** : Pastorer förstår inte. Kyrkorna ignorerar problemet. Personen stämplas som "instabil".
- **Rädsla för helvetet** : Inte på grund av synd, utan på grund av den plåga som vägrar att ta slut.

Kan kristna nå en punkt utan återvändo?

Ja – i detta liv. Du kan bli **frälst** , men så fragmenterad att **din själ plågas intill döden** .

Detta är inte skrämselpropaganda. Detta är en **profetisk varning** .

Globala exempel

- **Afrika** – Falska profeter släpper ut Kundalini-eld under gudstjänster – människor får kramper, skummar, skrattar eller vrålar.
- **Asien** – Yogamästare stiger upp till "siddhi" (demonisk besatthet) och kallar det gudomligt medvetande.
- **Europa/Nordamerika** – Neokarismatiska rörelser som kanaliserar "härlighetsriken", skäller, skrattar, faller okontrollerat – inte av Gud.
- **Latinamerika** – Shamanistiska uppvaknanden som använder ayahuasca (växtdroger) för att öppna andliga dörrar de inte kan stänga.

HANDLINGSPLAN – OM du har gått för långt

1. **Bekänn den exakta portalen** : Kundaliniyoga, tredje ögats meditationer, new age-kyrkor, psykedelika, etc.
2. **Sluta jaga efter befrielse** : Vissa andar plågar längre när du fortsätter att ge dem rädsla.
3. **Förankra dig i Skriften** DAGLIGEN — särskilt Psalm 119, Jesaja 61 och Johannes 1. Dessa förnyar själen.
4. **Underkasta dig gemenskapen** : Hitta minst en troende fylld av den Helige Ande att vandra med. Isolering ger demoner kraft.
5. **Avstå från all andlig "syn", eld, kunskap, energi** – även om det känns heligt.
6. **Be Gud om nåd** – Inte en gång. Dagligen. Timmevis. Fortsätt. Gud kanske inte tar bort det omedelbart, men Han kommer att bära dig.

GRUPPANSÖKAN

- Håll en stund för tyst reflektion. Fråga: Har jag sökt andlig kraft framför andlig renhet?
- Be för dem som lider oavbruten plåga. Lova INTE omedelbar frihet – lova **lärjungaskap** .
- Undervisa om skillnaden mellan **Andens frukt** (Galaterbrevet 5:22–23) och **själsliga manifestationer** (skakningar, hetta, syner).
- Bränn eller förstör alla föremål från den nya tidsåldern: chakrasymboler, kristaller, yogamattor, böcker, oljor, "Jesuskort".

Viktig insikt

Det finns en **gräns** som kan överskridas – när själen blir en öppen port och vägrar att stängas. Din ande kan bli frälst... men din själ och kropp kan fortfarande leva i plåga om du har blivit besudlad av ockult ljus.

Reflektionsdagbok

- Har jag någonsin strävat efter makt, eld eller profetisk syn mer än helighet och sanning?
- Har jag öppnat dörrar genom "kristnade" new age-metoder?
- Är jag villig att **vandra dagligen** med Gud även om fullständig befrielse tar år?

Bön om överlevnad

Fader, jag ropar om nåd. Jag avsäger mig varje ormande, Kundalinikraft, tredje ögats öppning, falsk eld eller new age-förfalskning jag någonsin har rört vid. Jag överlämnar min själ – sprucken som den är – tillbaka till Dig. Jesus, rädda mig inte bara från synd, utan från plåga. Förslut mina portar. Hela mitt sinne. Stäng mina ögon. Krossa ormen i min ryggrad. Jag väntar på Dig, även i smärtan. Och jag kommer inte att ge upp. I Jesu namn. Amen.

DAG 33: ORMANDEN INOM DIG — NÄR BEFRIELSEN KOMMER FÖR SENT

"*De har ögon fulla av äktenskapsbrott... de förleder obeständiga själar... de har följt Bileams väg... åt vilken mörkrets mörker är förvarat för evigt.*"
— 2 Petrusbrevet 2:14–17

"*Låt er inte bedragas. Gud kan inte hånas. Vad en människa sår får hon skörda.*" — Galaterbrevet 6:7

Det finns en demonisk förfalskning som paraderar som upplysning. Den helar, ger energi, ger kraft – men bara för en tid. Den viskar gudomliga mysterier, öppnar ditt "tredje öga", släpper lös kraft i ryggraden – och **förslavar dig sedan i plåga**.

Det är **Kundalini**.

Ormanden. **Den falska** " heliga anden" i New Age.

När den väl aktiverats – genom yoga, meditation, psykedelika, trauma eller ockulta ritualer – slingrar sig denna kraft vid ryggraden och stiger upp som eld genom chakrana. Många tror att det är ett andligt uppvaknande. I själva verket är det **demonisk besättning** förklädd till gudomlig energi.

Men vad händer när det **inte försvinner**?

Verklig historia – "Jag kan inte stänga av den"

Marissa, en ung kristen kvinna i Kanada, hade sysslat med "kristen yoga" innan hon gav sitt liv till Kristus. Hon älskade de fridfulla känslorna, vibrationerna, ljusvisionerna. Men efter en intensiv session där hon kände sin ryggrad "antända", tappade hon fattningen – och vaknade upp utan att kunna andas. Den natten började något **plåga hennes sömn**, vred hennes kropp, framstod som "Jesus" i hennes drömmar – men hånade henne.

Hon blev **befriad** fem gånger. Andarna lämnade – men återvände. Hennes ryggrad vibrerade fortfarande. Hennes ögon såg ständigt in i andevärlden.

Hennes kropp rörde sig ofrivilligt. Trots frälsningen vandrade hon nu genom ett helvete som få kristna förstod. Hennes ande var räddad – men hennes själ var **kränkt, sprucken upp och fragmenterad**.

Efterdyningarna ingen pratar om

- **Tredje ögon förblir öppna** : Ständiga visioner, hallucinationer, andligt brus, "änglar" som ljuger.
- **Kroppen slutar inte vibrera** : Okontrollerbar energi, tryck i skallen, hjärtklappning.
- **Obeveklig plåga** : Även efter 10+ befrielsesessioner.
- **Isolering** : Pastorer förstår inte. Kyrkorna ignorerar problemet. Personen stämplas som "instabil".
- **Rädsla för helvetet** : Inte på grund av synd, utan på grund av den plåga som vägrar att ta slut.

Kan kristna nå en punkt utan återvändo?

Ja – i detta liv. Du kan bli **frälst** , men så fragmenterad att **din själ plågas intill döden** .

Detta är inte skrämselpropaganda. Detta är en **profetisk varning** .

Globala exempel

- **Afrika** – Falska profeter släpper ut Kundalini-eld under gudstjänster – människor får kramper, skummar, skrattar eller vrålar.
- **Asien** – Yogamästare stiger upp till "siddhi" (demonisk besatthet) och kallar det gudomligt medvetande.
- **Europa/Nordamerika** – Neokarismatiska rörelser som kanaliserar "härlighetsriken", skäller, skrattar, faller okontrollerat – inte av Gud.
- **Latinamerika** – Shamanistiska uppvaknanden som använder ayahuasca (växtdroger) för att öppna andliga dörrar de inte kan stänga.

Handlingsplan – Om du har gått för långt

1. **Bekänn den exakta portalen** : Kundaliniyoga, tredje ögats meditationer, new age-kyrkor, psykedelika, etc.

2. **Sluta jaga efter befrielse** : Vissa andar plågar längre när du fortsätter att ge dem rädsla.
3. **Förankra dig i Skriften** DAGLIGEN — särskilt Psalm 119, Jesaja 61 och Johannes 1. Dessa förnyar själen.
4. **Underkasta dig gemenskapen** : Hitta minst en troende fylld av den Helige Ande att vandra med. Isolering ger demoner kraft.
5. **Avstå från all andlig "syn", eld, kunskap, energi** – även om det känns heligt.
6. **Be Gud om nåd** – Inte en gång. Dagligen. Timmevis. Fortsätt. Gud kanske inte tar bort det omedelbart, men Han kommer att bära dig.

Gruppansökan

- Håll en stund för tyst reflektion. Fråga: Har jag sökt andlig kraft framför andlig renhet?
- Be för dem som lider oavbruten plåga. Lova INTE omedelbar frihet – lova **lärjungaskap**.
- Undervisa om skillnaden mellan **Andens frukt** (Galaterbrevet 5:22–23) och **själsliga manifestationer** (skakningar, hetta, syner).
- Bränn eller förstör alla föremål från den nya tidsåldern: chakrasymboler, kristaller, yogamattor, böcker, oljor, "Jesuskort".

Viktig insikt

Det finns en **gräns** som kan överskridas – när själen blir en öppen port och vägrar att stängas. Din ande kan bli frälst... men din själ och kropp kan fortfarande leva i plåga om du har blivit besudlad av ockult ljus.

Reflektionsdagbok

- Har jag någonsin strävat efter makt, eld eller profetisk syn mer än helighet och sanning?
- Har jag öppnat dörrar genom "kristnade" new age-metoder?
- Är jag villig att **vandra dagligen** med Gud även om fullständig befrielse tar år?

Bön om överlevnad

Fader, jag ropar om nåd. Jag avsäger mig varje ormande, Kundalinikraft, tredje ögats öppning, falsk eld eller new age-förfalskning jag någonsin har rört vid. Jag överlämnar min själ – sprucken som den är – tillbaka till Dig. Jesus, rädda mig inte bara från synd, utan från plåga. Förslut mina portar. Hela mitt sinne. Stäng mina ögon. Krossa ormen i min ryggrad. Jag väntar på Dig, även i smärtan. Och jag kommer inte att ge upp. I Jesu namn. Amen.

DAG 34: FRURARE, LOGGER OCH FÖRBANNELSER — När brödraskap blir träldom

"*Ha ingen delaktighet i mörkrets ofruktbara gärningar, utan avslöja dem hellre.*" – Efesierbrevet 5:11

"*Du skall inte sluta förbund med dem eller med deras gudar.*" – Andra Moseboken 23:32

Hemliga sällskap lovar framgång, kontakter och uråldrig visdom. De erbjuder **eder, examina och hemligheter** som förts vidare "för goda män". Men vad de flesta inte inser är: dessa sällskap är **förbundsaltare**, ofta byggda på blod, bedrägeri och demonisk trohet.

Från frimureriet till kabbalan, rosenkreuzarna till Skull & Bones – dessa organisationer är inte bara klubbar. De är **andliga kontrakt**, smidda i mörker och förseglade med riter som **förbannar generationer**.

Några gick frivilligt med. Andra hade förfäder som gjorde det.

Hur som helst består förbannelsen – tills den bryts.

Ett dolt arv — Jasons berättelse

Jason, en framgångsrik bankir i USA, hade allt som väntade honom – en vacker familj, rikedom och inflytande. Men på natten vaknade han upp och satte sig i halsen, såg huvklädda figurer och hörde besvärjelser i sina drömmar. Hans farfar hade varit frimurare av 33:e graden, och Jason bar fortfarande ringen.

En gång skämtsamt avlade han frimurarlöften på ett klubbevenemang – men i samma ögonblick som han gjorde det **gick något in i honom**. Hans sinne började bryta samman. Han hörde röster. Hans fru lämnade honom. Han försökte få slut på alltihop.

På en retreat upptäckte någon den frimurariska kopplingen. Jason grät när han **avsvärjde sig alla eder**, bröt ringen och genomgick befrielse i tre timmar. Den natten, för första gången på flera år, sov han i frid.

Hans vittnesmål?

"Man skämtar inte med hemliga altare. De talar – tills man får dem att hålla tysta i Jesu namn."

BRÖDRASKAPETS GLOBALA nät

- **Europa** – Frimureriet djupt förankrat i näringsliv, politik och kyrkosamfund.
- **Afrika** – Illuminati och hemliga ordnar som erbjuder rikedom i utbyte mot själar; kulter på universitet.
- **Latinamerika** – jesuitinfiltration och frimurarriter blandat med katolsk mysticism.
- **Asien** – Forntida mysterieskolor, tempelprästerskap knutna till generationseder.
- **Nordamerika** – Eastern Star, Scottish Rite, broderskap som Skull & Bones, Bohemian Grove-eliter.

Dessa kulter åberopar ofta "Gud", men inte **Bibelns Gud** – de hänvisar till den **store arkitekten**, en opersonlig kraft knuten till **luciferianskt ljus**.

Tecken på att du är påverkad

- Kronisk sjukdom som läkare inte kan förklara.
- Rädsla för avancemang eller rädsla för att bryta sig loss från familjesystem.
- Drömmar om kläder, ritualer, hemliga dörrar, loger eller märkliga ceremonier.
- Depression eller sinnessjukdom i den manliga linjen.
- Kvinnor som kämpar med ofruktsamhet, övergrepp eller rädsla.

Handlingsplan för befrielse

1. **Avsäg dig alla kända eder** – särskilt om du eller din familj var en del av frimureriet, rosenkreuzarna, Eastern Star, Kabala eller något annat "brödraskap".
2. **Bryt varje grad** – från Inträdd lärling till 33:e graden, vid namn.
3. **Förstör alla symboler** – ringar, förkläden, böcker, hängen, certifikat etc.
4. **Stäng porten** – andligt och juridiskt genom bön och förkunnelse.

Använd dessa bibelverser:

- Jesaja 28:18 – "Ert förbund med döden skall upphävas."
- Galaterbrevet 3:13 — "Kristus har friköpt oss från lagens förbannelse."
- Hesekiel 13:20–23 — "Jag skall riva sönder era slöjor och befria mitt folk."

Gruppansökan

- Fråga om någon medlem hade föräldrar eller mor- eller farföräldrar i hemliga sällskap.
- Led en **guidad avsägelse** genom alla grader av frimureriet (du kan skapa ett tryckt manus för detta).
- Använd symboliska handlingar – bränn en gammal ring eller rita ett kors över pannan för att ogiltigförklara det "tredje ögat" som öppnats i ritualer.
- Be över sinnen, nackar och ryggar – dessa är vanliga platser för slaveri.

Viktig insikt
Broderskap utan Kristi blod är ett brödraskap i träldom.
Du måste välja: förbund med människan eller förbund med Gud.
Reflektionsdagbok

- Har någon i min familj varit involverad i frimureriet, mysticism eller hemliga eder?
- Har jag omedvetet reciterat eller härmat löften, trosbekännelser eller

symboler knutna till hemliga sällskap?
- Är jag villig att bryta familjetraditioner för att vandra helt och fullt i Guds förbund?

Avsägelsebön
Fader, i Jesu namn avsäger jag mig varje förbund, ed eller ritual knuten till frimureriet, kabbala eller något hemligt sällskap – i mitt liv eller min blodslinje. Jag bryter varje grad, varje lögn, varje demonisk rättighet som beviljats genom ceremonier eller symboler. Jag förkunnar att Jesus Kristus är mitt enda Ljus, min enda Arkitekt och min enda Herre. Jag mottar frihet nu, i Jesu namn. Amen.

DAG 35: HÄXOR I BÄNKARNA — NÄR ONDSKAN KOMMER IN GENOM KYRKODÖRRARNA

"*Ty sådana män är falska apostlar, bedrägliga arbetare, som förklär sig till Kristi apostlar. Och det är inte att undra på, ty till och med Satan förklär sig till en ljusets ängel.*" — 2 Korinthierbrevet 11:13–14

"*Jag känner dina gärningar, din kärlek och din tro... Men jag har detta emot dig: du tolererar kvinnan Isebel, som kallar sig profetissa...*" — Uppenbarelseboken 2:19–20

Den farligaste häxan är inte den som flyger på natten.

Det är den som **sitter bredvid dig i kyrkan**.

De bär inte svarta dräkter eller rider på kvastar.

De leder bönemöten. Sjunger i lovsångsteam. Profeterar i tungor. Är pastorer i kyrkor. Och ändå... är de **bärare av mörker**.

Vissa vet exakt vad de gör – skickas ut som andliga lönnmördare.

Andra är offer för förfäders häxkonst eller uppror, och arbetar med gåvor som är **orena**.

Kyrkan som täckmantel — "Miriams" berättelse

Miriam var en populär befrielsepredikant i en stor västafrikansk kyrka. Hennes röst befallde demoner att fly. Människor reste över nationer för att bli smorda av henne.

Men Miriam hade en hemlighet: på natten reste hon ut ur sin kropp. Hon brukade se kyrkomedlemmarnas hem, deras svagheter och deras blodslinjer. Hon trodde att det var det "profetiska".

Hennes kraft växte. Men det gjorde även hennes plåga.

Hon började höra röster. Kunde inte sova. Hennes barn blev attackerade. Hennes man lämnade henne.

Till slut erkände hon: hon hade blivit "aktiverad" som barn av sin mormor, en mäktig häxa som fick henne att sova under förbannade filtar. *"Jag trodde att jag var fylld av den Helige Ande. Det var en ande... men inte helig."*
Hon genomgick befrielse. Men kriget har aldrig upphört. Hon säger: *"Om jag inte hade bekänt, skulle jag ha dött på ett eldigt altare ... i kyrkan."*

Globala situationer med dold häxkonst i kyrkan

- **Afrika** – Andlig avund. Profeter som använder spådom, ritualer, vattenandar. Många altare är egentligen portaler.
- **Europa** – Psykiska medier som utger sig för att vara "andliga tränare". Häxkonst insvept i new age-kristendom.
- **Asien** – Tempelprästinnor går in i kyrkor för att så förbannelser och konvertiter till astralmonitorer.
- **Latinamerika** – Santería – praktiserande "pastorer" som predikar befrielse men offrar kycklingar på natten.
- **Nordamerika** – kristna häxor som påstår sig vara "Jesus och tarot", energihelare på kyrkscener och pastorer involverade i frimurarriter.

Tecken på häxkonst som verkar i kyrkan

- Tung stämning eller förvirring under gudstjänsten.
- Drömmar om ormar, sex eller djur efter gudstjänster.
- Ledarskap som plötsligt faller i synd eller skandal.
- "Profetior" som manipulerar, förför eller skämmer ut.
- Den som säger "Gud sa att du är min man/fru".
- Märkliga föremål funna nära predikstolen eller altaren.

HANDLINGSPLAN FÖR BEFRIELSE

1. **Be om urskiljning** — Be den Helige Ande att uppenbara om det finns dolda häxor i din gemenskap.
2. **Pröva varje ande** – Även om de låter andliga (1 Johannes 4:1).

3. **Bryt själsbanden** — Om du har blivit bett över, profeterat till eller berört av någon oren, **avsäg dig det**.
4. **Be över din kyrka** — Förkunna Guds eld för att avslöja varje dolt altare, hemlig synd och andlig igel.
5. **Om du är ett offer** — Sök hjälp. Var inte tyst eller ensam.

Gruppansökan

- Fråga gruppmedlemmarna: Har du någonsin känt dig obekväm eller andligt kränkt under en gudstjänst?
- Led en **gemensam renande bön** för gemenskapen.
- Smörj varje person och förkunna en **andlig brandvägg** runt sinnen, altaren och gåvor.
- Lär ledare hur man **granskar gåvor** och **prövar andar** innan de tillåter människor i synliga roller.

Viktig insikt
Inte alla som säger "Herre, Herre" kommer från Herren.
Kyrkan är det **främsta slagfältet** för andlig besmittelse – men också platsen för helande när sanningen upprätthålls.

Reflektionsdagbok

- Har jag fått böner, förmedlingar eller mentorskap från någon vars liv burit ohelig frukt?
- Har jag känt mig "dålig" efter kyrkan, men ignorerat det?
- Är jag villig att konfrontera häxkonst även om den bär kostym eller sjunger på scen?

Bön om blottande och frihet
Herre Jesus, jag tackar dig för att du är det sanna Ljuset. Jag ber dig nu att avslöja varje dold källa av mörker som verkar i eller runt mitt liv och min gemenskap. Jag avsäger mig varje ohelig förmedling, falsk profetia eller själsband jag har mottagit från andliga bedragare. Rena mig med ditt blod. Rena mina gåvor. Bevaka mina portar. Bränn bort varje falsk ande med din heliga eld. I Jesu namn. Amen.

DAG 36: KODAD BESVÄLLNING — NÄR SÅNGER, MODE OCH FILMER BLI PORTALER

"*Var inte delaktig i mörkrets ofruktbara gärningar, utan avslöja dem i stället.*" – Efesierbrevet 5:11
"*Håll er inte i ogudaktiga myter och gamla myter, utan öva er i stället i att vara gudfruktiga.*" – 1 Timoteusbrevet 4:7

Inte varje strid börjar med ett blodsoffer.

Vissa börjar med ett **beat**.

En melodi. En medryckande text som fastnar i din själ. Eller en **symbol** på dina kläder som du tyckte var "cool".

Eller en "ofarlig" show som du dansar medan demoner ler i skuggorna.

I dagens hyperuppkopplade värld är häxkonst **kodat** – gömt framför **ögonen på människor** genom media, musik, filmer och mode.

Ett mörkt ljud — Verklig historia: "Hörlurarna"

Elijah, en 17-åring i USA, började få panikattacker, sömnlösa nätter och demoniska drömmar. Hans kristna föräldrar trodde att det var stress.

Men under en befrielsesession instruerade den Helige Ande teamet att fråga om hans **musik**.

Han erkände: "Jag lyssnar på trap metal. Jag vet att det är mörkt... men det får mig att känna mig kraftfull."

När laget spelade en av hans favoritlåtar i bön inträffade en **manifestation**

.

Beatsen var kodade med **sångspår** från ockulta ritualer. Bakåtmaskering avslöjade fraser som "underkasta dig din själ" och "Lucifer talar".

När Elijah väl hade raderat musiken, ångrat sig och avsagt sig kontakten, återvände freden.

Kriget hade kommit in genom hans **örons portar** .

Globala programmeringsmönster

- **Afrika** – Afrobeat-låtar kopplade till pengaritualer; "juju"-referenser gömda i texter; modemärken med symboler för marina kungariker.
- **Asien** – K-pop med subliminala sexuella och andekanaliserande budskap; animekaraktärer genomsyrade av shintoistisk demonisk historia.
- **Latinamerika** – Reggaeton lanserar Santería- ramsor och bakåtkodade trollformler.
- **Europa** – Modehus (Gucci, Balenciaga) bäddar in sataniska bilder och ritualer i catwalkkulturen.
- **Nordamerika** – Hollywoodfilmer kodade med häxkonst (Marvel, skräck, "light vs dark"-filmer); tecknade serier som använder trolldom för skojs skull.

Common Entry Portals (and Their Spirit Assignments)

Media Type	Portal	Demonic Assignment
Music	Beats/samples from rituals	Torment, violence, rebellion
TV Series	Magic, lust, murder glorification	Desensitization, soul dulling
Fashion	Symbols (serpent, eye, goat, triangles)	Identity confusion, spiritual binding
Video Games	Sorcery, blood rites, avatars	Astral transfer, addiction, occult alignment
Social Media	Trends on "manifestation," crystals, spells	Sorcery normalization

HANDLINGSPLAN – URSKILJA, Avgifta, Försvara

1. **Granska din spellista, garderob och tittarhistorik**. Leta efter ockult, lustfyllt, upproriskt eller våldsamt innehåll.
2. **Be den Helige Ande att avslöja** varje oheligt inflytande.
3. **Radera och förstör**. Sälj eller donera inte. Bränn eller släng något demoniskt – fysiskt eller digitalt.
4. **Smörj dina redskap**, ditt rum och dina öron. Förklara dem helgade till Guds ära.
5. **Ersätt med sanning**: Gudstjänstmusik, gudfruktiga filmer, böcker och bibelläsningar som förnyar ditt sinne.

Gruppansökan

- Led medlemmarna i en "Medieinventering". Låt varje person skriva ner program, låtar eller föremål som de misstänker kan vara portaler.
- Be över telefoner och hörlurar. Smörj dem.
- Gör en grupp-"avgiftningsfasta" – 3 till 7 dagar utan sekulära medier. Njut endast av Guds ord, tillbedjan och gemenskap.
- Vittna om resultaten vid nästa möte.

Viktig insikt
Demoner behöver inte längre en helgedom för att komma in i ditt hus. Allt de behöver är ditt samtycke för att trycka på play.

Reflektionsdagbok

- Vad har jag sett, hört eller burit som kan vara en öppen dörr till förtryck?
- Är jag villig att ge upp det som underhåller mig om det också förslavar mig?
- Har jag normaliserat uppror, lust, våld eller hån i "konstens" namn?

RENINGSBÖN

Herre Jesus, jag kommer inför Dig och ber om fullständig andlig avgiftning. Avslöja varje kodad besvärjelse jag har släppt in i mitt liv genom musik, mode, spel eller media. Jag ångrar att jag har sett, burit och lyssnat på det som vanärar Dig. Idag bryter jag själsbanden. Jag kastar ut varje ande av uppror, häxkonst, lust, förvirring eller plåga. Rena mina ögon, öron och hjärta. Jag ägnar nu min kropp, mina media och mina val åt Dig allena. I Jesu namn. Amen.

DAG 37: MAKTENS OSYNLIGA ALTRAN — FRIMURARE, KABBALA OCH OCKULT ELIT

"Åter tog djävulen honom med sig upp på ett mycket högt berg och visade honom alla världens riken och deras härlighet. Och han sade: 'Allt detta skall jag ge dig, om du faller ner och tillber mig.'" – Matteus 4:8–9

"Ni kan inte dricka Herrens bägare och demonernas bägare. Ni kan inte ha del i både Herrens bord och demonernas bord." – 1 Korinthierbrevet 10:21

Det finns altare gömda inte i grottor, utan i styrelserum.

Andar inte bara i djungler – utan i regeringsbyggnader, finanstorn, Ivy League-bibliotek och helgedomar förklädda till "kyrkor".

Välkommen till den **ockulta elitens rike** :

frimurare, rosenkreuzare , kabbalister , jesuitordnar, österländska stjärnor och dolda luciferianska präster som **döljer sin hängivenhet till Satan i ritualer, hemlighetsmakeri och symboler** . Deras gudar är förnuft, makt och uråldrig kunskap – men deras **själar är förpliktade till mörkret** .

Dold i vanlig synhåll

- **Frimureriet** utger sig för att vara ett brödraskap av byggare – ändå åberopar dess högre grader demoniska väsen, svär dödseder och upphöjer Lucifer som "ljusbärare".
- **Kabbala** lovar mystisk tillgång till Gud – men ersätter subtilt Jahve med kosmiska energikartor och numerologi.
- **Jesuitisk mysticism** , i sina korrumperade former, blandar ofta katolsk bildspråk med andlig manipulation och kontroll över världssystem.
- **Hollywood, mode, finans och politik** bär alla med sig kodade budskap, symboler och **offentliga ritualer som i själva verket är**

gudstjänster till Lucifer .

Du behöver inte vara känd för att bli påverkad. Dessa system **förorenar nationer** genom:

- Medieprogrammering
- Utbildningssystem
- Religiös kompromiss
- Ekonomiskt beroende
- Ritualer förklädda som "initieringar", "löften" eller "varumärkesavtal"

Sann historia – "Lodgen förstörde min härkomst"
Solomon (namn ändrat), en framgångsrik affärsmagnat från Storbritannien, gick med i en frimurarloge för att nätverka. Han steg snabbt och vann rikedom och prestige. Men han började också ha skrämmande mardrömmar – män i kappklädda kläder som kallade på honom, blodseder, mörka djur som jagade honom. Hans dotter började skära sig och påstod att en "närvaro" fick henne att göra det.

En natt såg han en man i sitt rum – halv människa, halv schakal – som sa till honom: *"Du är min. Priset har betalats."* Han kontaktade en befrielseorganisation. Det tog **sju månader av avsägelse, fasta, kräkningsritualer och att ersätta alla ockulta band** – innan fred kom.

Han upptäckte senare: **Hans farfar var en 33:e gradens murare. Han hade bara fortsatt arvet omedvetet.**

Global räckvidd

- **Afrika** – Hemliga sällskap bland stamhärskare, domare, pastorer — som svär trohet till blodseder i utbyte mot makt.
- **Europa** – Malteserriddare, illuministiska loger och elituniversitet inom esoterik.
- **Nordamerika** – Frimurarstiftelser under de flesta grunddokument, domstolsstrukturer och till och med kyrkor.
- **Asien** – Dolda drakkulter, förfädersordnar och politiska grupper med rötter i hybrider av buddhism och shamanism.
- **Latinamerika** – Synkretiska kulter som blandar katolska helgon med

luciferianska andar som Santa Muerte eller Baphomet.

Handlingsplan — Flykten från elitaltare

1. **Avstå från** allt engagemang i frimureriet, Eastern Star, jesuiteder, gnostiska böcker eller mystiska system – även "akademiska" studier av sådana.
2. **Förstör** regalier, ringar, nålar, böcker, förkläden, foton och symboler.
3. **Bryt ordförbannelser** – särskilt dödseder och initiationslöften. Använd Jesaja 28:18 ("Ert förbund med döden skall upphävas...").
4. **Fasta i 3 dagar** medan du läser Hesekiel 8, Jesaja 47 och Uppenbarelseboken 17.
5. **Ersätt altaret**: Återvig dig åt Kristi altare allena (Romarbrevet 12:1–2). Nattvard. Tillbedjan. Smörjelse.

Du kan inte vara i himmelens gårdar och i Lucifers gårdar samtidigt. Välj ditt altare.

Gruppansökan

- Kartlägg vanliga elitorganisationer i din region – och be direkt mot deras andliga inflytande.
- Håll ett möte där medlemmar konfidentiellt kan bekänna om deras familjer var inblandade i frimureriet eller liknande kulter.
- Ta med olja och nattvard – led ett massavsägelse av eder, ritualer och sigill gjorda i hemlighet.
- Bryt stoltheten – påminn gruppen: **Ingen åtkomst är värd din själ.**

Viktig insikt

Hemliga sällskap lovar ljus. Men bara Jesus är världens ljus. Alla andra altare kräver blod – men kan inte frälsa.

Reflektionsdagbok

- Var någon i min blodslinje involverad i hemliga sällskap eller "ordnar"?
- Har jag läst eller ägt ockulta böcker maskerade som akademiska

texter?
- Vilka symboler (pentagram, allseende ögon, solar, ormar, pyramider) är gömda i mina kläder, konst eller smycken?

Avsägelsebön
Fader, jag avsäger mig varje hemligt sällskap, loge, ed, ritual eller altare som inte är grundade på Jesus Kristus. Jag bryter mina fäders förbund, min blodslinje och min egen mun. Jag förkastar frimureriet, kabbala, mysticism och varje dold pakt som ingåtts för makt. Jag förstör varje symbol, varje sigill och varje lögn som lovade ljus men befriade från slaveri. Jesus, jag tronar dig återigen som min enda Mästare. Lys ditt ljus över varje hemlig plats. I ditt namn vandrar jag fri. Amen.

DAG 38: LIVMODERFÖRBUND OCH VATTENRIK — NÄR ÖDET ÄR OREGATT FÖRE FÖDELSEN

"**D**e ogudaktiga är främmande ända från moders liv, de far vilse så snart de är födda och talar lögn." – Psalm 58:3

"Innan jag formade dig i moders liv kände jag dig, innan du var född avskilde jag dig..." – Jeremia 1:5

Tänk om striderna du utkämpar inte började med dina val – utan din uppfattning?

Tänk om ditt namn uttalades på mörka platser medan du fortfarande var i livmodern?

Tänk om **din identitet byttes ut**, ditt **öde såldes** och din **själ märktes** – innan du tog ditt första andetag?

Detta är verkligheten med **undervattensinitiering**, **marina andeförbund** och **ockulta livmodersanspråk** som **binder generationer samman**, särskilt i regioner med djupa förfäderliga och kustritualer.

Vattenriket — Satans tron nedanför

I den osynliga världen styr Satan **mer än bara luften**. Han styr även **den marina världen** – ett stort demoniskt nätverk av andar, altaren och ritualer under hav, floder och sjöar.

Marina andar (vanligtvis kallade *Mami Wata*, *kustens drottning*, *andliga hustrur/män*, etc.) är ansvariga för:

- för tidig död
- Ofruktsamhet och missfall
- Sexuell bondage och drömmar
- Psykisk plåga
- Lidelser hos nyfödda

- Mönster för uppgång och krasch i företag

Men hur får dessa andar **laglig mark** ?
Vid livmodern.
Osynliga initieringar före födseln

- **Förfäders dedikationer** – Ett barn som "lovas ut" till en gudom om det föds friskt.
- **Ockulta prästinnor** som rör vid livmodern under graviditeten.
- **Förbundsnamn** givna av familjen — omedvetet hedra marina drottningar eller andar.
- **Födelseritualer** utförda med flodvatten, amuletter eller örter från helgedomar.
- **Navelsträngsbegravning** med besvärjelser.
- **Graviditet i ockulta miljöer** (t.ex. frimurarloger, new age-center, polygama kulter).

Vissa barn föds redan som slavar. Det är därför de skriker våldsamt vid födseln – deras ande känner mörker.
Verklig historia – "Mitt barn tillhörde floden"
Jessica, från Sierra Leone, hade försökt bli gravid i fem år. Till slut blev hon gravid efter att en "profet" hade gett henne en tvål att bada med och en olja att gnida in i hennes livmoder. Barnet föddes starkt – men vid tre månaders ålder började det gråta oavbrutet, alltid på natten. Han hatade vatten, skrek under bad och skakade okontrollerat när han togs nära floden.

En dag fick hennes son kramper och dog i fyra minuter. Han återupplivades – och **började tala med fullständiga ord vid nio månaders ålder** : "Jag hör inte hemma här. Jag tillhör drottningen."

Skräckslagen sökte Jessica befrielse. Barnet släpptes först efter 14 dagar av fasta och avsägelseböner – hennes man var tvungen att förstöra en familjegud gömd i sin by innan plågan upphörde.

Spädbarn föds inte tomma. De föds in i strider som vi måste utkämpa för deras räkning.

GLOBALA PARALLELLER

- **Afrika** – Flodaltar, Mami Wata- invigningar, moderkakuritualer.
- **Asien** – Vattenandar åkallas under buddhistiska eller animistiska födslar.
- **Europa** – Druidiska barnmorskeförbund, förfädernas vattenriter, frimurarinvigningar.
- **Latinamerika** – Santeria-namngivning, floders andar (t.ex. Oshun), födelse under astrologiska diagram.
- **Nordamerika** – New age-födelseritualer, hypnofödsel med andliga guider, "välsignelsesceremonier" av medium.

Tecken på livmoderinitierad bondage

- Upprepade missfallsmönster över generationer
- Nattskräck hos spädbarn och barn
- Oförklarlig infertilitet trots medicinskt godkännande
- Ständiga vattendrömmar (hav, översvämningar, simning, sjöjungfrur)
- Irrationell rädsla för vatten eller drunkning
- Känsla av att bli "anspråktagen" — som om något tittar på från födseln

---

Handlingsplan — Bryt livmoderförbundet

1. **Be den Helige Ande** att uppenbara om du (eller ditt barn) initierades genom livmodersritualer.
2. **Avsäg dig** alla förbund som ingåtts under graviditeten – medvetet eller omedvetet.
3. **Be över din egen födelseberättelse** – även om din mamma inte är tillgänglig, tala som den juridiska andliga portvakten i ditt liv.
4. **Fasta med Jesaja 49 och Psalm 139** – för att återta din gudomliga ritning.
5. **Om du är gravid**: Smörj din mage och tala dagligen om ditt ofödda barn:

"Ni är avskilda åt Herren. Ingen vattenande, blodsande eller mörkrets ande skall äga er. Ni tillhör Jesus Kristus – kropp, själ och ande."

Gruppansökan

- Be deltagarna att skriva ner vad de vet om sin födelseberättelse – inklusive ritualer, barnmorskor eller namngivningshändelser.
- Uppmuntra föräldrar att på nytt inviga sina barn i en "Kristuscentrerad namngivnings- och förbundsgudstjänst".
- Led böner som bryter vattenförbund med hjälp av *Jesaja 28:18*, *Kolosserbrevet 2:14* och *Uppenbarelseboken 12:11*.

Viktig insikt
Livmodern är en port – och det som går igenom den går ofta in med andligt bagage. Men inget livmoderaltare är större än korset.

Reflektionsdagbok

- Fanns det några föremål, oljor, amuletter eller namn inblandade i min befruktning eller födelse?
- Upplever jag andliga attacker som började i barndomen?
- Har jag omedvetet fört vidare marina förbund till mina barn?

Bön om befrielse
Himmelske Fader, Du kände mig innan jag formades. Idag bryter jag varje dolt förbund, vattenritual och demonisk invigning som gjorts vid eller före min födelse. Jag avvisar alla påståenden om marina andar, bekanta andar eller generationsskiftande altaren i livmodern. Låt Jesu blod omskriva min födelseberättelse och mina barns berättelse. Jag är född av Anden – inte av vattenaltaren. I Jesu namn. Amen.

DAG 39: VATTENDÖPADE I FRIHÅLL — HUR SPÄDBARN, INITIALER OCH OSYNLIGA FÖRBUND ÖPPNAR DÖRRAR

"*De utgöt oskyldigt blod, blodet av sina söner och döttrar, som de offrade åt Kanaans avgudar, och landet vanhelgades genom deras blod.*" – Psalm 106:38

"*Kan man ta byte från krigare, eller rädda fångar från den våldsamma?*" *Men så säger Herren:* "*Ja, fångar skall tas från krigare, och byte skall hämtas från den våldsamma...*" – Jesaja 49:24–25

Många öden spårade inte bara **ur i vuxenlivet** – de **kapades i spädbarnsåldern**.

Den till synes oskyldiga namngivningsceremonin...

Det där avslappnade doppet i flodvatten "för att välsigna barnet"...

Myntet i handen... Såret under tungan... Oljan från en "andlig mormor"...

Till och med initialerna som gavs vid födseln...

De kan alla verka kulturella. Traditionella. Ofarliga.

Men mörkrets rike **döljer sig i traditionen**, och många barn har **i hemlighet initierats** innan de någonsin kunnat säga "Jesus".

Verklig historia – "Jag fick mitt namn efter floden"

I Haiti växte en pojke vid namn Malick upp med en märklig rädsla för floder och stormar. Som småbarn togs han av sin mormor till en bäck för att bli "introducerad för andarna" för att få skydd. Han började höra röster vid 7 års ålder. Vid 10 års ålder hade han nattliga besök. Vid 14 års ålder försökte han begå självmord efter att ha känt en "närvaro" alltid vid sin sida.

Vid ett befrielsemöte manifesterade demonerna våldsamt och skrek: "Vi kom till floden! Vi blev kallade vid namn!" Hans namn, "Malick", hade varit en del av en andlig namngivningstradition för att "hedra floddrottningen".

Tills han döptes om i Kristus fortsatte plågan. Han tjänar nu i befrielse bland ungdomar som är fångade i förfädernas hängivenhet.

Hur det händer — De dolda fällorna

1. **Initialer som förbund**
   Vissa initialer, särskilt de som är knutna till förfäders namn, familjegudar eller vattengudar (t.ex. "MM" = Mami/Marine; "OL" = Oya/Orisha-släktlinjen), fungerar som demoniska signaturer.
2. **Spädbarnsdopp i floder/bäckar**
   Görs "för skydd" eller "rening", dessa är ofta **dop i marina andar** .
3. **Hemliga namngivningsceremonier**
   Där ett annat namn (som skiljer sig från det offentliga) viskas eller uttalas inför ett altare eller en helgedom.
4. **Födelsemärkesritualer**
   Oljor, aska eller blod som appliceras på pannor eller lemmar för att "märka" ett barn för andar.
5. **Vattenmatade navelsträngsbegravningar**
   Navelsträngar som släpps i floder, bäckar eller begravs med vattenbesvärjelser – vilket binder barnet till vattenaltare.

Om dina föräldrar inte förband dig med Kristus, är chansen stor att någon annan gjorde anspråk på dig.

Globala ockulta livmoderbindningsmetoder

- **Afrika** – Namnge spädbarn efter flodgudar, begrava snören nära marina altare.
- **Karibien/Latinamerika** – Santeria-doprituler, invigningar i yoruba-stil med örter och flodföremål.
- **Asien** – hinduiska ritualer som involverar Gangesvatten, astrologiskt beräknad namngivning knuten till elementära andar.
- **Europa** – Druidiska eller esoteriska namngivningstraditioner som åberopar skogs-/vattenväktare.
- **Nordamerika** – Rituella invigningar av infödda, moderna Wicca-babyvälsignelser, namngivningsceremonier från New Age som åkallar

"forntida guider".

Hur vet jag?

- Oförklarlig plåga, sjukdomar eller "imaginära vänner" i tidig barndom
- Drömmar om floder, sjöjungfrur, att bli jagade av vatten
- Motvilja mot kyrkor men fascination för mystiska ting
- En djup känsla av att "bli förföljd" eller iakttagen från födseln
- Upptäcka ett andra namn eller en okänd ceremoni kopplad till din spädbarnstid

Handlingsplan – Återupprätta spädbarnsåldern

1. **Fråga den Helige Ande**: Vad hände när jag föddes? Vilka andliga händer rörde vid mig?
2. **Avsäg dig alla dolda överlåtelser**, även om de görs i okunnighet: "Jag förkastar alla förbund som ingåtts för min räkning som inte var med Herren Jesus Kristus."
3. **Bryt banden till förfädernas namn, initialer och symboler**.
4. **Använd Jesaja 49:24–26, Kolosserbrevet 2:14 och 2 Korintierbrevet 5:17** för att förkunna identitet i Kristus.
5. Om det behövs, **håll en återinvigningsceremoni** – presentera dig själv (eller dina barn) för Gud på nytt och förkunna nya namn om det behövs.

GRUPPANSÖKAN

- Be deltagarna att undersöka historien bakom sina namn.
- Skapa utrymme för andlig namnbyte om det leds – låt människor göra anspråk på namn som "David", "Ester" eller andenledda identiteter.
- Led gruppen i ett symboliskt *omdop* av överlämnande – inte vattennedsänkning, utan smörjelse och ett ordbaserat förbund med

Kristus.
- Låt föräldrar bryta förbund över sina barn i bön: "Ni tillhör Jesus – ingen ande, flod eller förfädersband har någon juridisk grund."

Viktig insikt
Din början spelar roll. Men den behöver inte definiera ditt slut. Varje flodanspråk kan brytas av floden av Jesu blod.

Reflektionsdagbok

- Vilka namn eller initialer fick jag, och vad betyder de?
- Fanns det hemliga eller kulturella ritualer som jag måste avsäga mig vid min födelse?
- Har jag verkligen tillägnat mitt liv – min kropp, själ, namn och identitet – till Herren Jesus Kristus?

Bön om återlösning
Fader Gud, jag kommer inför Dig i Jesu namn. Jag avsäger mig varje förbund, varje dedikation och varje ritual som gjordes vid min födelse. Jag avvisar varje namngivning, vatteninitiering och alla anspråk på förfäder. Vare sig det är genom initialer, namngivning eller dolda altare – jag avbryter varje demonisk rätt till mitt liv. Jag förkunnar nu att jag helt och hållet är Din. Mitt namn är skrivet i Livets bok. Mitt förflutna är täckt av Jesu blod, och min identitet är beseglad av den Helige Ande. Amen.

DAG 40: FRÅN BEFRÄDDARE TILL BEFRÄDDARE — DIN SMÄRTA ÄR DIN FÖRORDNING

"*Men det folk som känner sin Gud skall vara starkt och utföra stordåd.*" – Daniel 11:32

"*Då uppreste Herren domare, som räddade dem ur dessa plundrares händer.*" – Domarboken 2:16

Du blev inte befriad för att sitta tyst i kyrkan.

Du blev inte fri bara för att överleva. Du blev befriad **för att befria andra**.

Samme Jesus som botade den demonbesatte i Markus 5 skickade honom tillbaka till Dekapolis för att berätta historien. Inget seminarium. Ingen ordination. Bara ett **brinnande vittnesbörd** och en mun i brand.

Du är den mannen. Den kvinnan. Den familjen. Den nationen.

Smärtan du har utstått är nu ditt vapen.

Plågan du undkom är din trumpet. Det som höll dig i mörker blir nu **scenen för ditt herravälde.**

Verklig historia – Från marinbrud till befrielseminister

Rebecca, från Kamerun, var en före detta brud till en marin ande. Hon invigdes vid 8 års ålder under en namngivningsceremoni vid kusten. Vid 16 års ålder hade hon sex i drömmar, kontrollerade män med sina ögon och hade orsakat flera skilsmässor genom trolldom. Hon var känd som "den vackra förbannelsen".

När hon mötte evangeliet på universitetet gick hennes demoner amok. Det tog sex månader av fasta, befrielse och djup lärjungaskap innan hon blev fri.

Idag håller hon befrielsekonferenser för kvinnor över hela Afrika. Tusentals har befriats genom hennes lydnad.

Tänk om hon hade förblivit tyst?

Apostolisk uppgång — Globala befriare föds

- **I Afrika** planterar nu före detta häxdoktorer kyrkor.
- **I Asien** predikar före detta buddhister Kristus i hemliga hus.
- **I Latinamerika** bryter tidigare Santeria-präster nu bryter altaren.
- **I Europa** leder ex-ockultister utläggande bibelstudier online.
- **I Nordamerika** leder överlevande från new age-bedrägerier varje vecka befrielse-Zooms.

De är **de osannolika**, de trasiga, mörkrets tidigare slavar som nu marscherar i ljuset – och **du är en av dem**.

Slutlig handlingsplan – Gå in i ditt samtal

1. **Skriv ditt vittnesmål** – även om du tycker att det inte är dramatiskt. Någon behöver din berättelse om frihet.
2. **Börja i liten skala** — Be för en vän. Håll en bibelstudiegrupp. Dela din befrielseprocess.
3. **Sluta aldrig lära** — Befriare förblir i Ordet, förblir ångerfulla och förblir skarpa.
4. **Skydda din familj** — Förklara dagligen att mörkret slutar med dig och dina barn.
5. **Förklara andliga krigszoner** — Din arbetsplats, ditt hem, din gata. Var grindvakt.

Gruppdriftsättning

Idag är det inte bara en andakt – det är en **invigningsceremoni**.

- Smörj varandras huvuden med olja och säg:

"Du är befriad för att befria. Res dig, Guds domare."

- Förklara högt som grupp:

"Vi är inte längre överlevande. Vi är krigare. Vi bär ljus, och mörkret darrar."

- Utse bönepar eller ansvarspartners för att fortsätta växa i djärvhet och inverkan.

Viktig insikt
Den största hämnden mot mörkrets rike är inte bara frihet. Det är mångfaldigande.

Slutreflektionsjournal

- När visste jag att jag hade gått från mörker till ljus?
- Vem behöver höra min berättelse?
- Var kan jag börja rikta mitt ljus mot mig den här veckan?
- Är jag villig att bli hånad, missförstådd och motarbetad – för att befria andra?

Bön om befallning
Fader Gud, jag tackar dig för 40 dagar av eld, frihet och sanning. Du räddade mig inte bara för att skydda mig – du befriade mig för att befria andra. Idag tar jag emot denna mantel. Mitt vittnesbörd är ett svärd. Mina ärr är vapen. Mina böner är hammare. Min lydnad är tillbedjan. Jag vandrar nu i Jesu namn – som en eldstjärna , en befriare, en ljusbärare. Jag är din. Mörkret har ingen plats i mig och ingen plats runt omkring mig. Jag tar min plats. I Jesu namn. Amen.

360° DAGLIG FÖRKLARANDE OM BEFRIELSE OCH HERRÅDE – Del 1

"Inget vapen som smids mot dig skall ha framgång, och varje tunga som reser sig mot dig i rätten skall du döma fördömande. Detta är Herrens tjänares arv..." — Jesaja 54:17

Idag och varje dag tar jag min fulla plats i Kristus – ande, själ och kropp.

Jag stänger varje dörr – känd och okänd – till mörkrets rike.

Jag bryter all kontakt, kontrakt, förbund eller gemenskap med onda altare, förfädernas andar, andemakar, ockulta sällskap, häxkonst och demoniska allianser – vid Jesu blod!

Jag försäkrar att jag inte är till salu. Jag är inte tillgänglig. Jag är inte rekryterbar. Jag är inte återinitierad.

Varje satanisk återkallelse, andlig övervakning eller ond uppmaning – ska spridas med eld, i Jesu namn!

Jag binder mig till Kristi sinne, Faderns vilja och den Helige Andes röst.

Jag vandrar i ljus, i sanning, i kraft, i renhet och i syfte.

Jag stänger varje tredje öga, psykisk port och ohelig portal som öppnats genom drömmar, trauma, sex, ritualer, media eller falska läror.

Låt Guds eld förtära varje olaglig insättning i min själ, i Jesu namn.

Jag talar till luften, landet, havet, stjärnorna och himlen – ni ska inte arbeta emot mig.

Varje dolt altare, agent, väktare eller viskande demon som är utsedd mot mitt liv, min familj, mitt kall eller mitt territorium – bli avväpnade och tystade genom Jesu blod!

Jag dränker mitt sinne i Guds ord.

Jag förkunnar att mina drömmar är helgade. Mina tankar är skyddade. Min sömn är helig. Min kropp är ett eldtempel.

Från och med nu vandrar jag i 360-graders befrielse – ingenting dolt, ingenting missat.

Varje kvarvarande slaveri bryts. Varje generations ok splittras. Varje oångrad synd avslöjas och renas.

Jag förklarar:

- **Mörkret har inget herravälde över mig.**
- **Mitt hem är en brandzon.**
- **Mina portar är förseglade i härlighet.**
- **Jag lever i lydnad och vandrar i kraft.**

Jag uppstår som en befriare för min generation.

Jag ska inte se mig tillbaka. Jag ska inte gå tillbaka. Jag är ljus. Jag är eld. Jag är fri. I Jesu mäktiga namn. Amen!

360° DAGLIG FÖRKLARANDE OM BEFRIELSE OCH HERRÅDE – Del 2

S kydd mot häxkonst, trolldom, nekromanter, medier och demoniska kanaler
Befrielse för dig själv och andra under deras inflytande eller fångenskap
Rening och täckning genom Jesu blod
Återställande av sundhet, identitet och frihet i Kristus
Skydd och frihet från häxkonster, medier, nekromantiker och andlig slaveri
(genom Jesu blod och vårt vittnesbörds ord)
"Och de övervann honom genom Lammets blod och genom sitt vittnesbörds ord..."
— Uppenbareleseboken 12:11
"Herren ... omintetgör falska profeters tecken och gör spåmän till dårar ... han stadfäster sin tjänares ord och fullbordar sina budbärares råd."
— Jesaja 44:25–26
"Herrens Ande är över mig... för att ropa ut frihet för de fångna och befrielse för de bundna..."
— Lukas 4:18

ÖPPNINGSBÖN:

Fader Gud, jag kommer frimodigt idag genom Jesu blod. Jag erkänner kraften i Ditt namn och förkunnar att Du ensam är min befriare och försvarare. Jag står som Din tjänare och vittne, och jag förkunnar Ditt Ord med frimodighet och auktoritet idag.

SKYDDS- OCH BEFRIELSEFÖRKLARINGAR

1. **Befrielse från häxkonster, medier, nekromanter och andlig inflytande:**

- Jag **bryter och avsäger mig** varje förbannelse, besvärjelse, spådom, förtrollning, manipulation, övervakning, astral projektion eller själsband – uttalade eller utförda – genom häxkonst, nekromanti, medier eller andliga kanaler.
- Jag **förkunnar** att **Jesu blod** är emot varje oren ande som försöker binda, distrahera, bedra eller manipulera mig eller min familj.
- Jag befaller att **all andlig inblandning, ägande, förtryck eller själslig slaveri** ska brytas nu av auktoriteten i Jesu Kristi namn.
- Jag talar om **befrielse för mig själv och för varje person som medvetet eller omedvetet står under inflytande av häxkonst eller falskt ljus**. Kom ut nu! Var fria, i Jesu namn!
- Jag åkallar Guds eld att **bränna varje andligt ok, sataniskt kontrakt och altare** som rests i anden för att förslava eller snärja våra öden.

"Det finns ingen besvärjelse mot Jakob, ingen spådom mot Israel." — *4 Mosebok 23:23*

2. **Rening och skydd av sig själv, barn och familj:**

- Jag vädjar om Jesu blod över mitt **sinne, min själ, min ande, min kropp, mina känslor, min familj, mina barn och mitt arbete.**
- Jag förkunnar: Jag och mitt hus är **beseglade av den Helige Ande och dolda med Kristus i Gud.**
- Inget vapen som smids mot oss skall ha framgång. Varje tunga som talar ont om oss **döms och tystas** i Jesu namn.
- Jag avsäger mig och kastar ut varje **ande av rädsla, plåga, förvirring, förförelse eller kontroll**.

"Jag är Herren, som gör lögnarnas tecken om intet..." — *Jesaja 44:25*

3. **Återställande av identitet, syfte och sunt sinne:**

- Jag återtar varje del av min själ och identitet som har **bytts bort,**

- **blivit fångad eller stulen** genom bedrägeri eller andlig kompromiss.
- Jag förkunnar: Jag har **Kristi sinne** och jag vandrar i klarhet, visdom och auktoritet.
- Jag förkunnar: Jag är **befriad från varje generationsförbannelse och hushäxkonster**, och jag vandrar i förbund med Herren.

"Gud har inte gett mig en räddhetens ande, utan en kraftens, kärlekens och sinnets ande." – *2 Timoteus 1:7*

4. Daglig omvårdnad och seger i Kristus:

- Jag förkunnar: Idag vandrar jag i gudomligt **beskydd, urskiljning och frid**.
- Jesu blod talar **bättre saker** för mig – beskydd, helande, auktoritet och frihet.
- Varje ond uppgift som satts för denna dag är omintetgjord. Jag vandrar i seger och triumf i Kristus Jesus.

"Tusen faller vid min sida och tiotusen vid min högra hand, men de kommer inte nära mig..." - *Psalm 91:7*

SLUTFÖRKLARING OCH VITTNESBÖRJANDE:

"Jag övervinner alla former av mörker, häxkonst, nekromanti, trolldom, psykisk manipulation, själsmanipulation och ond andlig överföring – inte genom min styrka utan **genom Jesu blod och mitt vittnesbörds Ord**."

"Jag förkunnar: **Jag är befriad. Mitt hushåll är befriat.** Varje dolt ok är brutet. Varje fälla är avslöjad. Varje falskt ljus är släckt. Jag vandrar i frihet. Jag vandrar i sanningen. Jag vandrar i den Helige Andes kraft."

"Herren stadfäster sin tjänares ord och fullbordar sin budbärares råd. Så skall det vara i dag och alla dagar hädanefter."

I Jesu mäktiga namn, **Amen.**

SKRIFTSTÄLLEHÄNVISNINGAR:

- Jesaja 44:24–26
- Uppenbarelseboken 12:11
- Jesaja 54:17
- Psalm 91

- 4 Mosebok 23:23
- Lukas 4:18
- Efesierbrevet 6:10–18
- Kolosserbrevet 3:3
- 2 Timoteus 1:7

360° DAGLIG FÖRKLARANDE OM BEFRIELSE OCH HERRÅDE - Del 3

"*Herren är en krigsman; Herren är hans namn.*" — 2 Mosebok 15:3
"*De övervann honom genom Lammets blod och genom sitt vittnesbörds ord...*" — Uppenbarelseboken 12:11

Idag uppstår jag och tar min plats i Kristus – sitter i himmelen, högt över alla furstar, makter, troner, herradömen och varje namn som nämns.

JAG AVSTÅR

Jag avsäger mig varje känt och okänt förbund, ed eller initiering:

- Frimureriet (1:a till 33:e graden)
- Kabbala och judisk mysticism
- Östra stjärnan och rosenkreuzarna
- Jesuitorden och Illuminati
- Sataniska brödraskap och luciferianska sekter
- Marina andar och undervattensförbund
- Kundaliniormar, chakrainriktningar och tredje ögataktiveringar
- New Age-bedrägeri, Reiki, kristen yoga och astralresor
- Häxkonst, trolldom, nekromanti och astrala kontrakt
- Ockulta själsband från sex, ritualer och hemliga pakter
- Frimurareder över min blodslinje och förfäders prästerskap

Jag klipper av varje andlig navelsträng till:

- Forntida blodaltare
- Falsk profetisk eld
- Andemakar och dröminkräktare
- Helig geometri, ljuskoder och universella lagdoktriner
- Falska kristusar, familjeandar och förfalskade heliga andar

Låt Jesu blod tala för mig. Låt varje kontrakt rivas. Låt varje altare krossas. Låt varje demonisk identitet utplånas – nu!

JAG FÖRKLARAR
Jag förklarar:

- Min kropp är ett levande tempel för den Helige Ande.
- Mitt sinne skyddas av frälsningens hjälm.
- Min själ helgas dagligen genom Ordets tvätt.
- Mitt blod är renat av Golgata.
- Mina drömmar är förseglade i ljus.
- Mitt namn är skrivet i Lammets Livets Bok – inte i något ockult register, loge, loggbok, skriftrulle eller sigill!

JAG BEFALLER
Jag befaller:

- Varje mörkrets agent – iakttagare, övervakare, astralprojektorer – ska förblindas och skingras.
- Varje band till underjorden, marinvärlden och astralplanet – bryts!
- Varje mörkt märke, implant, rituellt sår eller andlig brännmärkning – renas genom eld!
- Varje förtrogen ande som viskar lögner – tystas nu!

JAG FRÅNGER KOPPELING
Jag avbryter mig från:

- Alla demoniska tidslinjer, själsfängelser och andeburar
- Alla rankningar och grader från hemliga sällskap
- Alla falska mantlar, troner eller kronor jag har burit
- Varje identitet som inte är skapad av Gud
- Varje allians, vänskap eller relation som stärks av mörka system

JAG ETABLERAR
Jag fastställer:

- En eldvägg av härlighet runt mig och mitt hushåll

- Heliga änglar vid varje port, portal, fönster och stig
- Renhet i mina medier, musik, minnen och sinne
- Sanning i mina vänskaper, min verksamhet, mitt äktenskap och min mission
- Obruten gemenskap med den Helige Ande

JAG SKICKA IN
Jag underkastar mig helt Jesus Kristus –
Lammet som slaktades, Kungen som regerar , Lejonet som ryter.
Jag väljer ljus. Jag väljer sanning. Jag väljer lydnad.
Jag tillhör inte denna världens mörka riken.
Jag tillhör vår Guds och hans Kristi rike.

Jag VARNAR FIENDEN
Genom denna förklaring utfärdar jag underrättelse till:

- Varje högt uppsatt furstendöme
- Varje härskande ande över städer, blodslinjer och nationer
- Varje astralresenär, häxa, trollkarl eller fallen stjärna…

Jag är oberörbar egendom.
 Mitt namn finns inte i dina arkiv. Min själ är inte till salu. Mina drömmar är under befäl. Min kropp är inte ditt tempel. Min framtid är inte din lekplats. Jag kommer inte att återvända till slaveri. Jag kommer inte att upprepa förfäders cykler. Jag kommer inte att bära främmande eld. Jag kommer inte att vara en viloplats för ormar.

JAG FÖRSEGLAR
 Jag förseglar denna försäkran med:

- Jesu blod
- Den Helige Andes eld
- Ordets auktoritet
- Kristi kroppas enhet
- Ljudet av mitt vittnesbörd

I Jesu namn, Amen och Amen

SLUTSATS: FRÅN ÖVERLEVNAD TILL SONSKAP — ATT FÖRBLI FRI, LEVA FRI, GÖRA ANDRA FRIA

"*Stå därför fasta i den frihet som Kristus har frigjort oss med, och låt er inte återigen snärjas under slaveriets ok.*" – Galaterbrevet 5:1

"*Han förde dem ut ur mörkret och dödens skuggor och bröt sönder deras bojor.*" – Psalm 107:14

Dessa 40 dagar handlade aldrig bara om kunskap. De handlade om **krigföring**, **uppvaknande** och **att vandra i herravälde**.

Du har sett hur det mörka riket fungerar – subtilt, generationsvis, ibland öppet. Du har färdats genom förfäders portar, drömvärlden, ockulta pakter, globala ritualer och andlig plåga. Du har mött vittnesmål om ofattbar smärta – men också **radikal befrielse**. Du har brutit altaren, tagit avstånd från lögner och konfronterat saker som många predikstolar är för rädda för att namnge.

MEN DETTA ÄR INTE SLUTET.

Nu börjar den verkliga resan: **Bevara din frihet. Lev i Anden. Lära andra vägen ut.**

Det är lätt att gå igenom 40 dagar av eld och återvända till Egypten. Det är lätt att riva ner altaren bara för att bygga upp dem igen i ensamhet, lust eller andlig utmattning.

Gör inte det.

Du är inte längre **slav under cyklar**. Du är en **väktare** på muren. En **portvakt** för din familj. En **krigare** för din stad. En **röst** till nationerna.

7 SLUTALIGA ANKLAGELSER FÖR DEM SOM VILL VANDRA I HERRADET

1. **Bevaka dina portar.**
   Öppna inte andliga dörrar igen genom kompromisser, uppror,

relationer eller nyfikenhet.
"Ge djävulen ingen plats." — Efesierbrevet 4:27

2. **Disciplinera din aptit.**
Fastan bör vara en del av din månatliga rytm. Den återställer själen och håller ditt kött underkastat.

3. **Förplikta dig till renhet.**
Känslomässigt, sexuellt, verbalt, visuellt. Orenhet är den främsta porten demoner använder för att krypa tillbaka in.

4. **Bemästra Ordet**
Skriften är inte valfri. Den är ditt svärd, din sköld och ditt dagliga bröd. *"Låt Kristi ord bo i riklig rikedom bland er..."* (Kol. 3:16)

5. **Hitta din stam.**
Befrielse var aldrig menad att vandras ensam. Bygg, tjäna och hela i en andefylld gemenskap.

6. **Omfamna lidande**
Ja — lidande. All plåga är inte demonisk. En del är helgande. Gå igenom den. Härlighet väntar er.
"Efter att ni har lidit en kort tid ... skall han ge er styrka, stadga er och befästa er." — 1 Petrusbrevet 5:10

7. **Lär andra**
det du har fått för frikostighet – ge nu för frikostighet. Hjälp andra att bli fria. Börja med ditt hem, din krets, din kyrka.

FRÅN ÖVERLÄMD TILL LÄRJUNG

Denna andakt är ett globalt rop – inte bara om helande utan om att en armé ska resa sig.

Det är **dags för herdar** som kan känna lukten av krig.

Det är **dags för profeter** som inte ryggar tillbaka för ormar.

Det är **dags för mödrar och fäder** som bryter generationspakter och bygger sanningens altaren.

Det är **dags för nationer** att varnas, och för kyrkan att inte längre vara tyst.

DU ÄR SKILLNADEN

Vart du går härifrån spelar roll. Vad du bär med dig spelar roll. Mörkret du drogs ifrån är just det territorium du nu har auktoritet över.

Befrielse var din födslorätt. Herravälde är din mantel. Gå nu i den.

SLUTBÖN
Herre Jesus, tack för att du vandrar med mig dessa 40 dagar. Tack för att du blottlagt mörkret, brutit kedjorna och kallat mig till en högre plats. Jag vägrar att gå tillbaka. Jag bryter varje överenskommelse med rädsla, tvivel och misslyckande. Jag tar emot mitt rikesuppdrag med frimodighet. Använd mig för att befria andra. Fyll mig med den Helige Ande dagligen. Låt mitt liv bli ett ljusets vapen – i min familj, i min nation, i Kristi kropp. Jag kommer inte att vara tyst. Jag kommer inte att besegras. Jag kommer inte att ge upp. Jag går från mörker till herravälde. För alltid. I Jesu namn. Amen.

Hur man blir född på nytt och börjar ett nytt liv med Kristus

Kanske har du vandrat med Jesus förut, eller kanske har du precis mött Honom under dessa 40 dagar. Men just nu rör sig något inom dig.

Du är redo för mer än religion.

Du är redo för **relationer**.

Du är redo att säga: "Jesus, jag behöver dig."

Här är sanningen:

"Ty alla har syndat, och vi alla saknar Guds härlighet... men Gud, i sin nåd, gör oss fria inför sig."

— Romarbrevet 3:23–24 (NLT)

Du kan inte förtjäna frälsning.

Du kan inte reparera dig själv. Men Jesus har redan betalat hela priset – och Han väntar på att välkomna dig hem.

Hur man blir född på nytt

ATT BLI FÖDD PÅ NYTT innebär att överlämna sitt liv till Jesus – att acceptera hans förlåtelse, tro att han dog och uppstod igen, och ta emot honom som sin Herre och Frälsare.

Det är enkelt. Det är kraftfullt. Det förändrar allt.

Be detta högt:

"**HERRE JESUS, JAG TROR** att du är Guds Son.

    Jag tror att du dog för mina synder och uppstod igen.

    Jag bekänner att jag har syndat och att jag behöver din förlåtelse.

    Idag omvänder jag mig och vänder mig bort från mina gamla vägar.

    Jag inbjuder dig in i mitt liv för att vara min Herre och Frälsare.

    Tvätta mig ren. Fyll mig med din Ande.

Jag förkunnar att jag är född på nytt, förlåten och fri.
Från och med denna dag kommer jag att följa dig –
och jag kommer att leva i dina fotspår.
Tack för att du frälste mig. I Jesu namn, amen."

Nästa steg efter frälsningen

1. **Berätta för någon** – Dela ditt beslut med en person du litar på.
2. **Hitta en bibelbaserad kyrka** – Gå med i en gemenskap som lär ut Guds ord och lever ut det. Besök God's Eagle ministries online via https://www.otakada.org [1] eller https://chat.whatsapp.com/H67spSun32DDTma8TLh0ov
3. **Bli döpt** – Ta nästa steg för att offentligt bekänna din tro.
4. **Läs Bibeln dagligen** – Börja med Johannesevangeliet.
5. **Be varje dag** – Tala med Gud som en vän och Fader.
6. **Håll kontakten** – Omge dig med människor som uppmuntrar din nya vandring.
7. **Starta en lärjungaskapsprocess inom gemenskapen** – Utveckla en-till-en-relation med Jesus Kristus via dessa länkar

40-dagars lärjungaskap 1 - https://www.otakada.org/get-free-40-days-online-discipleship-course-in-a-journey-with-jesus/

40 Lärjungaskap 2 - https://www.otakada.org/get-free-40-days-dna-of-discipleship-journey-with-jesus-series-2/

---

1. https://www.otakada.org

Mitt räddningsögonblick

D atum : _____
　Underskrift : _____

"Om någon är i Kristus, är han en ny skapelse; det gamla är förbi, det nya har kommit!"
　– 2 Korinthierbrevet 5:17

Intyg om nytt liv i Kristus

Frälsningsförklaring – Född på nytt av nåd

D etta intygar att

_____

(FULLSTÄNDIGT NAMN)
    har offentligt förklarat **tro på Jesus Kristus**
som Herre och Frälsare och har mottagit frälsningens gåva genom hans död
och uppståndelse.
    *"Om du öppet bekänner att Jesus är Herren och i ditt hjärta tror att Gud har
uppväckt honom från de döda, skall du bli frälst."*
    – Romarbrevet 10:9 (NLT)
    Den här dagen jublar himlen och en ny resa börjar.

Beslutsdatum : _____

Underskrift : _____

Frälsningsförklaringen

"IDAG ÖVERLÄMNAR JAG mitt liv till Jesus Kristus.
    Jag tror att han dog för mina synder och uppstod igen. Jag tar emot honom
som min Herre och Frälsare. Jag är förlåten, född på nytt och förnyad. Från och
med nu kommer jag att vandra i hans fotspår."

Välkommen till Guds familj!

DITT NAMN ÄR SKRIVET i Lammets livsbok.
    Din berättelse har bara börjat – och den är evig.

KONTAKTA GUDS EAGLE MINISTRIES

- Hemsida: www.otakada.org[1]
- Serien Wealth Beyond Worry: www.wealthbeyondworryseries.com[2]
- E-post: ambassador@otakada.org

- **Stöd detta arbete:**

Stöd kungarikets projekt, missioner och gratis globala resurser genom förbundsledda gåvor.
Skanna QR-koden för att ge
https://tithe.ly/give?c=308311
Er generositet hjälper oss att nå fler själar, översätta resurser, stödja missionärer och bygga lärjungaskapssystem globalt. Tack!

---

1. https://www.otakada.org
2. https://www.wealthbeyondworryseries.com

3. GÅ MED I VÅR WHATSAPP-förbundsgemenskap

Få uppdateringar, andaktsfullt innehåll och få kontakt med förbundsinriktade troende över hela världen.

Skanna för att gå med

https://chat.whatsapp.com/H67spSun32DDTma8TLh0ov

REKOMMENDERADE BÖCKER OCH RESURSER

- *Befriad från mörkrets makt* (pocketbok) — Köp här [1]| E-bok [2]på Amazon[3]

- **Topprecensioner från USA:**
  - **Kindle-kund** : "Den bästa kristna boken någonsin!" (5 stjärnor)

---

1. https://shop.ingramspark.com/b/084?params=oeYbAkVTC5ao8PfdVdzwko7wi6IQimgJY2779NaqG4e
2. https://www.amazon.com/Delivered-Power-Darkness-AFRICAN-DELIVERED-ebook/dp/B0CC5MM4MV
3. https://www.amazon.com/Delivered-Power-Darkness-AFRICAN-DELIVERED-ebook/dp/B0CC5MM4MV

PRISA JESUS FÖR DETTA vittnesbörd. Jag har blivit så välsignad och skulle rekommendera alla att läsa den här boken... Ty syndens lön är döden, men Guds gåva är evigt liv. Shalom! Shalom!

- **Da Gster** : "Det här är en mycket intressant och ganska märklig bok." (5 stjärnor)

Om det som sägs i boken är sant så ligger vi verkligen långt efter i fråga om vad fienden är kapabel till att göra! ... Ett måste för alla som vill lära sig om andlig krigföring.

- **Visa** : "Älskar den här boken" (5 stjärnor)

Det här är en ögonöppnare... en sann bekännelse... På senare tid har jag letat överallt efter den för att köpa den. Så glad att jag fick tag på den från Amazon.

- **FrankJM** : "Helt annorlunda" (4 stjärnor)

Den här boken påminner mig om hur verklig andlig krigföring är. Den påminner mig också om anledningen till att ta på sig "Guds fulla rustning".

- **JenJen** : "Alla som vill till himlen – läs detta!" (5 stjärnor)

Den här boken förändrade mitt liv så mycket. Tillsammans med John Ramirez vittnesmål kommer den att få dig att se på din tro på ett annat sätt. Jag har läst den 6 gånger!

- *Ex-Satanist: James Exchange* (Pocketbok) — Köp här [4] | E-bok [5] på Amazon [6]

---

4. https://shop.ingramspark.com/b/
084?params=I2HNGtbqJRbal8OxU3RMTApQsLLxcUCTC8zUdzDy0W1

5. https://www.amazon.com/JAMESES-Exchange-Testimony-High-Ranking-Encounters-ebook/dp/B0DJP14JLH

6. https://www.amazon.com/JAMESES-Exchange-Testimony-High-Ranking-Encounters-ebook/dp/B0DJP14JLH

- ***VITTNESBRIEFTER FRÅN EN AFRIKANSK F.D. SATANIST*** - Pastor *JONAS LUKUNTU MPALA* (Pocketbok) — Köp här [7]| E-bok [8]på Amazon[9]

- *Greater Exploits 14* (pocketbok) — Köp här [10]| E-bok [11]på Amazon[12]

---

7. https://shop.ingramspark.com/b/ 084?params=0Aj9Sze4cYoLM5OqWrD20kgknXQQqO5AZYXcWtoMqWN

8. https://www.amazon.com/TESTIMONY-African-EX-SATANIST-Pastor-Jonas-ebook/dp/ B0DJDLFKNR

9. https://www.amazon.com/TESTIMONY-African-EX-SATANIST-Pastor-Jonas-ebook/dp/ B0DJDLFKNR

10. https://shop.ingramspark.com/b/084?params=772LXinQn9nCWcgq572PDsqPjkTJmpgSqrp88b0qzKb

11. https://www.amazon.com/Greater-Exploits-MYSTERIOUS-Strategies-Countermeasures-ebook/dp/ B0CGHYPZ8V

12. https://www.amazon.com/Greater-Exploits-MYSTERIOUS-Strategies-Countermeasures-ebook/dp/ B0CGHYPZ8V

- *Ur djävulens kittel* av John Ramirez — Finns på Amazon[13]
- *Han kom för att befria fångarna* av Rebecca Brown — Hitta på Amazon[14]

Andra böcker utgivna av författaren – Över 500 titlar
Älskad, utvald och hel : En 30-dagars resa från avvisande till **återupprättelse** översatt till 40 språk i världen
https://www.amazon.com/Loved-Chosen-Whole-Rejection-Restoration-ebook/dp/B0F9VSD8WL
https://shop.ingramspark.com/b/084?params=xga0WR16muFUwCoeMUBHQ6HwYjddLGpugQHb3DVa5hE

---

13. https://www.amazon.com/Out-Devils-Cauldron-John-Ramirez/dp/0985604306

14. https://www.amazon.com/He-Came-Set-Captives-Free/dp/0883683239

I Hans Spår — En 40-dagars WWJD-utmaning:
Att leva som Jesus i verkliga berättelser runt om i världen

https://www.amazon.com/His-Steps-Challenge-Real-Life-Stories-ebook/dp/B0FCYTL5MG

https://shop.ingramspark.com/b/084?params=DuNTWS59IbkvSKtGFbCbEFdv3Zg0FaITUEvlK49yLzB

JESUS VID DÖRREN:
40 hjärtskärande berättelser och himlens sista varning till dagens kyrkor

https://www.amazon.com/dp/B0FDX31L9F

https://shop.ingramspark.com/b/084?params=TpdA5j8WPvw83glJ12N1B3nf8LQte2a1lIEy32bHcGg

FÖRBUNDSLIV: 40 DAGAR av vandring i välsignelsen i Femte Moseboken 28

- https://www.amazon.com/dp/B0FFJCLDB5

Berättelser från riktiga människor, riktig lydnad och riktig
https://shop.ingramspark.com/b/
084?params=bH3pzfz1zdCOLpbs7tZYJNYgGcYfU32VMz3J3a4e2Qt

Transformation på över 20 språk

ATT KÄNNA HENNE OCH ATT KÄNNA HONOM:
40 dagar till läkning, förståelse och varaktig kärlek

HTTPS://WWW.AMAZON.com/KNOWING-HER-HIM-Healing-Understanding-ebook/dp/B0FGC4V3D9[15]

https://shop.ingramspark.com/b/084?params=vC6KCLoI7Nnum24BVmBtSme9i6k59p3oynaZOY4B9Rd

FULLSTÄNDIG, INTE TÄVLA:
En 40-dagars resa mot mening, enighet och samarbete

---

15. https://www.amazon.com/KNOWING-HER-HIM-Healing-Understanding-ebook/dp/B0FGC4V3D9

HTTPS://SHOP.INGRAMSPARK.com/b/ 084?params=5E4v1tHgeTqOOuEtfTYUzZDzLyXLee30cqYo0Ov9941[16]
https://www.amazon.com/COMPLETE-NOT-COMPETE-Journey-Collaboration-ebook/dp/B0FGGL1XSQ/

GUDOMLIG HÄLSOKOD - 40 dagliga nycklar för att aktivera läkning genom Guds ord och skapelse Lås upp växternas, bönens och profetiska handlingens helande kraft

---

16. https://shop.ingramspark.com/b/084?params=5E4v1tHgeTqOOuEtfTYUzZDzLyXLee30cqYo0Ov9941

https://shop.ingramspark.com/b/
084?params=xkZMrYcEHnrJDhe1wuHHYixZDViiArCeJ6PbNMTbTux
https://www.amazon.com/dp/B0FHJT42TK

ANDRA BÖCKER FINNS på författarsidan https://www.amazon.com/stores/Ambassador-Monday-O.-Ogbe/author/B07MSBPFNX

BILAGA (1-6): RESURSER FÖR ATT BIBEHÅLLA FRIHET OCH DJUPARE BEFRIELSE

BILAGA 1: Bön för att urskilja dold häxkonst, ockulta sedvänjor eller märkliga altare i kyrkan

"**M**änniskobarn, ser du vad de gör i mörkret...?" – Hesekiel 8:12
"Och ha ingen del i mörkrets ofruktbara gärningar, utan avslöja dem hellre." – Efesierbrevet 5:11

Bön för urskiljning och avslöjande:

Herre Jesus, öppna mina ögon så att jag kan se vad Du ser. Låt varje främmande eld, varje hemligt altare, varje ockult operation som gömmer sig bakom predikstolar, bänkar eller sedvänjor blottas. Ta bort slöjorna. Avslöja avgudadyrkan maskerad som tillbedjan, manipulation maskerad som profetia och perversion maskerad som nåd. Rena min lokala församling. Om jag är en del av en komprometterad gemenskap, led mig till säkerhet. Res rena altaren. Rena händer. Heliga hjärtan. I Jesu namn. Amen.

BILAGA 2: Protokoll för avsägelse och rensning av media

"Jag skall inte ställa något ont inför mina ögon..." — Psalm 101:3
Steg för att rensa ditt medieliv:

1. **Granska** allt: filmer, musik, spel, böcker, plattformar.
2. **Fråga:** Förhärligar detta Gud? Öppnar det dörrar till mörker (t.ex. skräck, lust, häxkonst, våld eller new age-teman)?
3. **Avstå från** :

"Jag avsäger mig varje demonisk portal som öppnats genom ogudaktiga medier. Jag kopplar bort min själ från alla själsband till kändisar, skapare, karaktärer och berättelser som fienden gett makt åt."

1. **Radera och förstöra** : Ta bort innehåll fysiskt och digitalt.
2. **Ersätt** med gudaktiga alternativ – tillbedjan, undervisning, vittnesbörd, sunda filmer.

BILAGA 3: Frimureriet, Kabbalah, Kundalini, Häxkonst, Ockult Försakelseskrift

"*Ha inget att göra med mörkrets fruktlösa gärningar...*" — Efesierbrevet 5:11

Säg högt:

I Jesu Kristi namn avsäger jag mig varje ed, ritual, symbol och initiering i något hemligt sällskap eller ockult orden – medvetet eller omedvetet. Jag avvisar alla band till:

- **Frimureriet** – Alla grader, symboler, blodseder, förbannelser och avgudadyrkan.
- **Kabbalah** – judisk mysticism, Zohar-läsningar, åkallanden till livets träd eller änglamagi.
- **Kundalini** – Öppningar av det tredje ögat, yogauppvaknanden, ormeld och chakrainriktningar.
- **Häxkonst & New Age** – Astrologi, tarot, kristaller, månritualer, själsresor, reiki, vit eller svart magi.
- **Rosenkreuzarna**, Illuminati, Skull & Bones, Jesuiteder, Druidordnar, Satanism, Spiritism, Santeria, Voodoo, Wicca, Thelema, Gnosticism, Egyptiska mysterier, Babyloniska riter.

Jag upphäver varje förbund som ingåtts för min räkning. Jag skär alla band i min blodslinje, i mina drömmar eller genom själsband. Jag överlämnar hela min varelse till Herren Jesus Kristus – ande, själ och kropp. Låt varje demonisk portal stängas permanent av Lammets blod. Låt mitt namn renas från varje mörkt register. Amen.

BILAGA 4: Guide för aktivering av smörjelseolja

"Är *någon bland er lidande? Låt honom be. Är någon bland er sjuk? Låt dem kalla till sig de äldste ... och smörja honom med olja i Herrens namn."*
— Jakob 5:13–14

Hur man använder smörjelseolja för befrielse och herravälde:

- **Pannan** : Förnyar sinnet.
- **Öron** : Att urskilja Guds röst.
- **Mage** : Rengör sätet för känslor och ande.
- **Fötter** : Att vandra in i det gudomliga ödet.
- **Dörrar/Fönster** : Stänga andliga portar och rena hem.

Förklaring vid smörjelsen:
"Jag helgar detta utrymme och kärl med den Helige Andes olja. Ingen demon har laglig tillträde hit. Må Herrens härlighet bo på denna plats."

BILAGA 5: Avsägelse av det tredje ögat och övernaturlig syn från ockulta källor

Säg högt:
"I Jesu Kristi namn avsäger jag mig varje öppning av mitt tredje öga – vare sig det sker genom trauma, yoga, astralresor, psykedelika eller andlig manipulation. Jag ber Dig, Herre, att stänga alla illegala portaler och försegla dem med Jesu blod. Jag släpper lös varje vision, insikt eller övernaturlig förmåga som inte kommer från den Helige Ande. Låt varje demonisk iakttagare, astral projektor eller enhet som övervakar mig bli förblindad och bunden i Jesu namn. Jag väljer renhet framför makt, intimitet framför insikt. Amen."

BILAGA 6: Videoresurser med vittnesmål för andlig tillväxt

1) börja från 1,5 minuter - https://www.youtube.com/watch?v=CbFRdraValc

2) https://youtu.be/b6WBHacwN0k?si=ZUPHzhDVnn1PPIEG[1]
3) https://youtu.be/XvcqdbEIO1M?si=GBlXg-cO-7f09cR[2]
4) https://youtu.be/jSm4r5oEKjE?si=1Z0CPgA33S0Mfvyt
5) https://youtu.be/B2VYQ2-5CQ8?si=9MPNQuA2f2rNtNMH
6) https://youtu.be/MxY2gJzYO-U?si=tr6EMQ6kcKyjkYRs
7) https://youtu.be/ZW0dJAsfJD8?si=Dz0b44I53W_Fz73A
8) https://youtu.be/q6_xMzsj_WA?si=ZTotYKo6Xax9nCWK
9) https://youtu.be/c2ioRBNriG8?si=JDwXwxhe3jZlej1U
10) https://youtu.be/8PqGMMtbAyo?si=UqK_S_hiyJ7rEGz1
11) https://youtu.be/rJXu4RkqvHQ?si=yaRAA_6KIxjm0eOX
12) https://youtu.be/nS_Insp7i_Y?si=ASKLVs6iYdZToLKH
13) https://youtu.be/-EU83j_eXac?si=-jG4StQOw7S0aNaL
14) https://youtu.be/_r4Jyzs2EDk?si=tldAtKOB_3-J_j_C
15) https://youtu.be/KiiUPLaV7xQ?si=I4x7aVmbgbrtXF_S
16) https://youtu.be/68m037cPEu0?si=XpuyyEzGfK1qWYRt
17) https://youtu.be/z4zlp9_aRQg?si=DR3lDYTt632E96a6
18) https://youtube.com/shorts/H_90n-QZU5Q?si=uLPScVXm81DqU6ds

---

1. https://youtu.be/b6WBHacwN0k?si=ZUPHzhDVnn1PPIEG
2. https://youtu.be/XvcqdbEIO1M?si=GBlXg-c-O-7f09cR

SLUTVARNING: Du kan inte leka med detta

B efrielse är inte underhållning. Det är krig.
Avsägelse utan ånger är bara oväsen. Nyfikenhet är inte detsamma som att ropa. Det finns saker man inte återhämtar sig från slentrianmässigt.

Så räkna kostnaden. Vandra i renhet. Bevaka dina portar.

För demoner respekterar inte oväsen – bara auktoritet.

www.ingramcontent.com/pod-product-compliance
Lightning Source LLC
Chambersburg PA
CBHW050341010526
44119CB00049B/637